如果重逢,请与我相恋

海 洛 著

文汇出版社

第 一 章

一

　　董瑜将办公桌上最后一份单据放进活页夹，抬腕看了眼手表，是上午十点四十五分，比她估计的结束时间早了十分钟。她站起来舒展了一下僵硬的头颈和双肩。从早上七点进办公室开始，她就一头扎进秀峰包装材料厂的文件堆中。

　　这天是农历十二月三十，普天同庆的除夕，上午十一点公司将在会议室召集全体员工开会，会后就是众人期待的迎新春午餐会了。公司成立的头几年，每个年三十的下午总有个茶话会。经营了七年多，公司的业绩翻了几倍，盈利上升，员工福利水涨船高，茶话会已经由丰盛的午餐会取而代之。散会后，大家便可以回家准备吃团年饭了。

　　同一部门的其他人都已陆续去了会议室，坐在对面办公桌的赵磊催董瑜一起走。

　　"你先去，我整理一下，五分钟。"

　　收拾好桌子，见还有些时间，董瑜决定到洗手间去擦一下脸。

　　她洗手时抬头朝镜子里瞥了一眼，被自己苍白的脸色吓了一跳，忙走过去从手提包里拿出个小化妆盒，扫了点粉红色的胭脂刷在两颊，又抹了些浅色的口红——化妆盒里除了这两样，也没有其他的了——见自己看起来不似刚才那样疲倦，她

匆匆将化妆盒放回包里,用手指捋了几下头发。

从办公室出来,想到自己在洗手间耽搁了些时间,她快步往电梯那里走。她向来讨厌没有时间概念的人,自然不想在全体会议上迟到。

没有别的人在等电梯。农历除夕,几乎所有人都已提前做好放假的准备,当日就不再做什么实质性的事了,应该早就到十二楼的多功能会议室。显示屏上的数字从小到大飞快地跳动,随着叮的一声,电梯在她所在的五楼停了下来。她刚跨进电梯,一阵急促的脚步声从转角传来,她敏捷地按住开门键,那人应该也是要搭上行的电梯。

果然,公司总经理许钢急急地奔进电梯。

"许总!"她先招呼他。

"谢谢!"他站定后冲她点点头,眼光在她脸上多停留了一秒。

她没有想到让她看起来与平时有一点不同的,只是她匆忙间扫在腮边的一抹淡淡的粉红色胭脂。

他的眼神有瞬间的飘忽,若有所思地想说点什么,却只正了正领带,什么也没说出口。

二

对于许钢,董瑜暗自心存一份特殊的感激。

大学毕业时,她被分配去的是北郊的一家机电仓库。

每天早上,她要花两个多小时,乘公交车从市区东南端的家斜穿整个市区,到北郊的单位上班,下班后,再花同样多的时间按原路回家。年纪再轻,体力再好,每天下班回到家,她也难免累得精疲力竭。

　　单位里给她安排的工作倒是简单得很,就是凭单给来提货的人发货。熬过了最初的两个月,她也算习惯了。

　　寒冬来临前,她母亲蒋文萱当年在部队时的老首长从北京到上海养病。接到老首长的电话,蒋文萱便带了董瑜到西郊的别墅探望他。

　　蒋文萱当年是首都军区陆军医院的军医。老首长住院时,她担任他的主治医生。他痊愈出院那天,特意去了家属院,抱起两岁的董瑜,和蒋文萱在大院门口拍了张合影。蒋文萱将那张照片镶在家里的影集里。

　　蒋文萱复员回老家上海时,正逢医院的医生们纷纷被下放去劳动,工农兵子弟在医生的岗位上边学习边工作。

　　不能去医院,工作单位还是必须先落实的。好在蒋文萱的丈夫董仲康早了她一年复员,在上海的一家工厂做了副厂长,知道他们厂的卫生科正缺人,便替蒋文萱联系妥了。

　　蒋文萱复员后,只去过一次北京,那已是好多年前的事了,那次她还特地去了老首长家探望他。如今老首长年事已高,北方冬天的严寒天气令他的旧伤处疼痛难忍,只能到稍暖的老家度过冬天。

　　见当年的小女孩已长成高挑清秀的年轻女子,老首长感慨一番后,问起董瑜的学习和工作情况。

　　蒋文萱原先因见到老首长而显现出欢愉的脸上,立刻笼上一层阴影,她淡淡地叹口气,代董瑜回答:"年轻人没有社会经验,工作分配得很不理想,大学读的是金融专业,现在却在和专业完全对不上号的郊区仓库工作。"

　　老首长忙问是怎么回事。蒋文萱理了理思绪,简要地向老首长说了事情的经过。

　　几个月前的事清晰地在董瑜眼前重现。

给董瑜他们班上英语课的洪老师突然请了段时间的假，到老家探望得急病的母亲，课就由洪老师正在带的硕士生田雨禾代上。

小田老师比学生们大不了几岁，讲课风格清新活泼，一下子就受到学生们的欢迎，每次下了课总有女生围着他问问题。一天下课前，他单点了董瑜的名，让她课后跟他去办公室拿洪老师为学生准备的讲义，课堂上当时就响起学生们起哄的声音。

走在路上，小田老师对董瑜提起，他正在写一篇关于使用不同方言的人在英语发音上的差异的论文，需要一位既能讲标准普通话又能讲纯正上海方言的人帮忙，整个班上只有寥寥几名当地生，他听过其他几位的发音，都没有董瑜标准，不知董瑜可否帮他这个忙。

董瑜欣然答应。帮着录了几次音之后，田老师拿出一本中英文对照的叶芝诗集，说自己就要正式当老师了，想再将字练得好看些。"你的字写得漂亮，我想请你在这本诗集中挑些出来，写成字帖，诗集送给你留个纪念吧。"

明摆着，小田老师是在找机会和自己多接触，想送礼物又怕突兀。董瑜收下书，当晚夜自修就挑了几篇，在信纸上用中英文各抄了一遍。

隔了一天，下课后田雨禾将董瑜留在教室里，说了几句话后从口袋里拿出一封信，递到董瑜手中。

董瑜从田雨禾手上接过信封时，恰好和她一个宿舍的孙志英返回来拿落下的东西，见状便边问边捂住嘴笑道："是情书吧？"

田雨禾一下子红了脸，董瑜也有些慌张，忙将信封放到书包里，说是给田老师写的字帖。

晚上大家从晚自修教室回到宿舍，孙志英便说出这件事，

女生们嚷着让董瑜将信拿出来看。

董瑜已经看过田雨禾的信，那是一封含蓄的信，措辞都属"道是无情却有情"的那种。

在一个宿舍住了几年，董瑜对同一个宿舍的孙志英太了解了，猜到她会在宿舍说这件事，早就将田雨禾的信从信封里取出来，藏在日记本封面的夹层里，将已经写好的几页字帖装进信封，以防其他女生会抢过去看。果然，女生们对看到的内容大失所望，怪孙志英没搞清楚，孙志英急忙说一定是董瑜将信藏起来了。

洪老师回来后，田雨禾就不用再代他上课。他见董瑜收到信没有回音，按捺不住地跑到女生宿舍去找董瑜。

田老师不愧是学语言的，在信里将自己的意思写得颇为婉转，于他自己可以进退自如，而董瑜说话若不小心倒会显得自作多情。既不好开口，田老师坐在女生宿舍里又不方便，董瑜只得请他一起出去走走。

田雨禾传递了意思出去，就等董瑜确定，他含糊暧昧，应该是考虑到即使她拒绝，他也不至于太没面子。

他们从她宿舍走到操场，沿栏杆围着操场转了一圈，再回到她宿舍楼下，除了寒暄，两个人都沉默不语。

田雨禾之后又到女生宿舍去找了董瑜几次，却总是黏黏糊糊地不明确说什么。看在他在讲台上给她们班上过课的分上，董瑜也不好意思拒绝他登门。

孙志英几次在宿舍见到田老师，不由分说，便认定他们是在谈恋爱。董瑜这才不得不对田雨禾说没有事就不要再去找她了。

那个时候，学生谈恋爱被明令禁止，师生恋更算是违纪。

没有意外的话，田雨禾本来应该是留校执教的，所以洪老

005

师才会让他代自己的课。一旦留校,他的户口就可以永久地落在上海。但是想要这个职位的大有人在。

不管是作为学生也好,代课教师也好,田雨禾就有了骚扰女生的传闻。不过校方要处理这事,还需要由当事人董瑜去向校方报告。

辅导员常老师是个矮胖谢顶的中年男人,他亲自找到董瑜,希望董瑜向系里书面告发田雨禾。后来田雨禾告诉董瑜,事情的起因是常老师的一位老同学想为自己的学生争取一下这个留校的名额。

常老师知道董瑜是交过入党申请书的,言语间便暗示如果她报告了,他会帮她实现入党的愿望,那对毕业分配会有直接的影响。

董瑜明白事情的严重性,知道自己几句话轻则让田雨禾留校的事落空,重则可能不能顺利拿到学位,她不想他的前途就这样被毁,所以只说田雨禾找自己只是为写论文找材料,回绝了常老师差不多是和她做交易的提议。

常老师又提到听说田雨禾曾给她写信,要她将信交出来。董瑜坚持说没什么信,她和田雨禾用信封传递的只是几张当字帖的纸,常老师便没什么好说的了。

孙志英私底下找董瑜问到底是怎么回事。董瑜对孙志英说:"我能不能入党要看我的表现,和田老师的事完全没有关系。假如用出卖别人作为入党的筹码,也太不光彩了,那样我情愿不入党。"

董瑜的话被断章取义地传到系里,常老师对她的不识好歹极为恼火。董瑜不肯告发田雨禾,田雨禾便躲过了这一劫,他要留下工作的位置是在公共英语教研室,常老师想帮老同学,手却不够长,又有洪老师的争取,田雨禾还是成功拿到了留校

的名。

只是董瑜的毕业分配就没有那么顺利了。原先她实习的信托公司已口头承诺，几个实习生他们都会留下，结果除了董瑜，另三个人都拿到了录用通知书。

董仲康蒋文萱夫妇的想法是天真的。董瑜是从重点大学毕业的，成绩优异，就算信托公司留不成，分配的工作也不会差到哪里。他们全家被董瑜的分配结果强烈地震动了：机电公司市北分公司的北郊仓库。董瑜班里所有的同学都在议论，这年整个S大的毕业生里，董瑜分配到的恐怕是全系甚至全校最差的一份工作了。

老首长知道蒋文萱不是会夸大其词的人，听她讲完，颇为生气，拍着沙发的扶手道："大学生下基层锻炼虽说必要，但国家花人力财力培养出来的人才不是用来浪费的，应该让他们发挥最大的作用嘛。"

蒋文萱用怜惜的眼光看着董瑜，说道："我也没有想到事情会是这样的，我担心孩子心理上承受不了。她自己没在别人面前说什么，只是几个月下来，人瘦了一圈。"

董瑜对蒋文萱说："不用担心，我想得通。"她看着头发开始花白的母亲，不敢透露自己已经萌生了出国的念头。在大学读书时，至少有一半的学生都在为考托福苦学英语。

她转向老首长接着说："陈伯伯，除了路远，这工作本身不算苦。"

老首长道："好，不娇气，像我们军人的后代。"

董瑜轻轻皱起的眉头又难掩心事："我就是觉得这样的工作实在用不上专业知识，再过些时间，专业就荒废了。我找过公司人事科，他们说一旦上级机关有空缺，马上就会考虑调动，但是现在的状况是，机关里的借调人员都已经严重超员，

我觉得他们只是在敷衍。"

蒋文萱忧心忡忡地说道:"事到如今,我觉得必须设法为孩子换工作,哪怕走后门,我本来是不喜欢这套的。说实话,从部队到地方这么多年,我还是不怎么适应。"

老首长拍了拍蒋文萱的臂膀,让她宽下心来:"这件事我不能不管,就算我是打抱不平吧,这一回后门我是走定了。"

董瑜身穿劳动布工作服走出货仓时,站长正客气地将许钢从办公室送出来,和他握手道别。

一个西装笔挺、器宇轩昂的年轻男人,和这全体人员都穿着蓝布工作服的环境格格不入。她远远地打量着他,他的目光也飞快地朝她扫视了一眼。他的嘴角微微翘了翘,她知道那完全是一个出于礼貌的微笑,她也回了他一个微笑,却发现他已转身走向停在大门口的一辆奥迪车。

她到中浩公司上班后才知道那是总经理许钢。

三

只几秒钟的时间,十二楼就到了。

许钢挪到边上,挡住电梯门让董瑜先走。她经过他身边时略微侧转欠了欠身,轻轻说了声"谢谢",走出电梯。

公司的会议室因为宽敞而显得大气,此时为增添节日气氛,正门的顶头挂了对红色灯笼。会议桌被排成一横六纵的格局,横着的那张桌子被设为主席台,上面架着麦克风。最外面的一条长桌铺了白桌布,围上绛红色裙边,看上去喜气洋洋,桌上整齐地排放着食物、饮料、葡萄酒和餐具。

差不多全公司的人都在会议室里,三五成群或站或坐着说话。

　　主席台那里只有副总经理章斌一个人站着。还好没迟到，董瑜松了口气。二十六岁拿下注册会计师不足为奇，但一个刚考到这张证书的二十六岁女人，便被提升为投资部副经理进入公司中级管理层，在中浩公司就成了引人注目的人物。她隐约感觉到，平时总有人在观察她，因此她即便不算刻意低调，也尽量避免引起别人注意。

　　就在许钢径直向主席台走去的同时，公司总裁李杨也出现在会议室门口。他们两人都到场后，会议就开始了。章斌说完主持人的开场白后，照例由李杨先发言。

　　李杨四十来岁的年纪，身材高大结实，皮肤黝黑，浓眉大眼，五官线条深刻清晰，说话也是快人快语，他站在话筒前，极简地说了几句感谢大家一年来的工作、来年再接再厉之类的话，就由许钢接着说。

　　许钢比李杨年轻几岁，和李杨相比，完全属于另一种风格。他身材修长，皮肤白皙，一眼看去，他最与众不同的地方，就是脸上一双充满灵气的丹凤眼。许钢平时说话文质彬彬，还喜欢在适当的时候，用双手配合自己的话做一些简单的手势，有人给他取了个"许秀才"的外号。

　　许钢报出一串数据，说明了一年的成绩，又列出当前比较重要的几件工作，分别扼要介绍了进展情况和明年预期的进度，便结束了发言。

　　章斌笑着说："大家都看到了，我们公司领导年轻化是出了名的，效率特别高，关于1993年度的工作总结就到此为止了，现在大家就开始享用午餐吧。"

　　午餐会采用的是自助餐的形式，大家不必按资论辈地坐，各人取了食物便三三两两或站或在桌边坐下，轻松地吃着喝着聊天。

董瑜和周围的人们互相招呼后,盛了些食物,走到离放食物的桌子最远处一张桌子边坐下。许钢端了盛着食物的盘子走过来,见董瑜一个人坐着,犹豫了一下,在她对面坐下。

他们开始边吃边聊。许钢突然想到什么,起身走过去端了两杯红酒回来。

"能喝酒吗?"他递了一杯酒给董瑜。

"还可以。"她谢过他后接过酒杯,用手托住轻轻晃动感觉了下酒的香气,又浅浅啜了一口,抿住唇回味了片刻,不由得赞叹道:"好酒啊!"

许钢也喝了口自己杯里的酒,连连点头:"果然不错。你识酒?"

"不太懂,入口的感觉而已,"她顿了顿,"是好的总会有人欣赏的。"

"这话说得好。"许钢回味了一下她的话,点了点头。

在许钢的印象中,眼前这个年轻的女部下属于冷静干练的一类。当年李杨郑重其事地嘱咐他到北郊的机电仓库调取一份人事档案时,他第一次见到了她。那天她穿着一套蓝色的劳动布工作服,在质地粗厚的布料衬托下,白皙的肤色令她看上去细腻清秀。他的嘴角不由自主地向上扬了扬,转身的一瞬,眼角的余光瞥见她也朝他浅浅一笑,礼貌而矜持,难得地,或者说从未有过地,他的心竟轻轻为之一动。

董瑜到公司上班后,许钢便一直不露声色地观察她。

他首先是从男人的角度去看她的,无论怎么看,她都不属于娇艳的那类女人,但她的恬淡在许钢眼里倒别有韵致。许钢讨厌头脑简单的女人,尤其是谈判对手带来施美人计的女人,他甚至连招呼都懒得打。他周围的人都知道这点。

她身材高挑,动作干净利落,他估计她喜欢运动。和大都

市里其他年轻女白领不同,除了色彩柔和的唇膏,他几乎从来看不出她用别的化妆品。

她衣饰简洁,但质地不错,他试着从她惯常的装扮来猜想她是否有男朋友,却看不出一点端倪。

当然,作为领导,许钢其实更需要了解的是她的工作能力。

他发现她独来独往,不太合群,在财务部,季平安排给她的工作是独特的,那个位置是为配合公司投资部的项目而设立的,倒是符合她的个性。

他几乎在每个项目会上都听过她汇报进展。很快他就发现了规律,她通常将手头的每件工作按处理顺序列出清单,没有问题的,点到为止,一掠而过,那些有问题的,就一件件提出来,先说出自己建议的解决方案,然后边听别人的意见边记录在笔记本上。开会时,凡碰到变化不定的情况,众人难免各有一套说辞,她需要撇去废话,替人理清思路,记录下来,写进进展报告。许钢做事讲究的就是条理清晰,自然喜欢她这种逻辑性强的工作风格。他对她的欣赏,也算是惺惺相惜。

从用人上考虑,和一班年龄相近的员工相比,她表现出的归纳、分析和总结能力,实在不多见,许钢认为除了略显孤僻这个不算什么事的弱点外,她具备担当一个领导者的能力,心里就有了更大胆的想法。他需要帮手,更需要亲信,他有意重用她。

公司投资企业的事务归投资部管,具体的工作却由财务部执行。这一来,每个投资项目的进展,都要由投资部经理严宏和财务部经理季平两人向许钢汇报,而许钢观察到,两个部门涉及投资企业的操作都是由董瑜去做,他适时提出,关于投资项目的管理层例会,让董瑜破例参加,他隐藏着的意图,是将

董瑜发展成自己这条业务在线的直接下属。

严宏怕自己汇报工作时有遗漏,写的阶段报告面面俱到,不轻易突出当下的重点。董瑜不同,她通常将进展正常的方面一带而过,而报告每个阶段最薄弱的环节。这其实是许钢最需要了解的,有时他希望直接问董瑜,她却从来不忘同时告知严宏或季平。

李杨曾经向许钢问起过董瑜的工作情况。思路清晰,条理分明,工作主动积极,有节奏有效率。许钢实话实说。李杨听后只是点头,从没说过什么。

四

当董瑜按住电梯等他时,他在一转脸的瞬间看到了她腮边的一抹粉红,很淡,因为淡,更显得柔美,年轻女人的气息在电梯小小的空间里弥漫。他又一次感觉到了自己的心动,他不得不做了个深呼吸,让自己镇定下来。

董瑜再次端起酒杯时,眼光正和许钢的眼光对上。

刹那间,她看到的一切如放大了似的在眼前摇曳,连周围人们说话的声音都飘忽起来,她有一种仿佛晕眩的感觉,她看到许钢的眼里似乎有些东西在闪动。

在同一瞬间,许钢目光灼灼,身体却如凝固了一般,无法移动丝毫。

他们互相凝视着,起初两人都未察觉时间在飞快地过去。

突然间她从恍惚中回过神,眼光飞快地看了看周围,当和章斌若有所思的目光接触的一瞬,她警觉起来。各人看似都在专心挑选或品尝食物或说着话,但不时有飞快的一瞥扫向她和许钢。她似乎感觉到李杨也曾朝他们看了一眼。

几乎同时，许钢也意识到了不妥，用歉意的目光看看董瑜："我需要去和大家打打招呼。"

中浩公司是副部级的工贸公司，成立七年多的时间并不算长。好在是新成立的公司，用人时可以精挑细选。全公司六十多名员工中，一半是中年员工，都是人事部从各部属企业挖来的骨干，招聘进公司的二十几岁到三十岁这个年龄段的职工也占了一半，各个都有名牌大学的高等学历，也都经过了至少两次面试的筛选。

董瑜是唯一有资格参加公司中级管理层例会的普通员工，她除了汇报手头的工作，还需要负责记录会上讨论的每个事项，第一时间写出更新的项目进展报告。

严宏曾在会上说，董瑜应该调入自己的投资部而非继续留在财务部。季平却得意地对严宏说："小董虽说是学金融的，不过刚通过会计师考试，在财务部更对口。"

那天许钢若有所思地看着他们，又将眼光转向董瑜，严宏的提议启发了他，他要做一个大胆的安排。

没几天，人事部就发了通知，董瑜转到投资部工作，职责是以会计师的身份从财务数据方面参与公司对下属投资企业的管理。一个月后，投资部的副经理辞职去了国外，公司立即委任董瑜接替了这个职务。所有人都猜想，调董瑜去投资部，应该是公司上层的有意安排，连董瑜自己也不由得揣度，这背后是不是有老首长的关照。

不避嫌地安排董瑜去投资部，许钢的确带了私心。不单是因为严宏跟他要助手，更重要的是，当时的投资部副经理和他私交不错，已经悄悄和他打过招呼，不久就要跳槽离开公司。许钢看好董瑜，以她的头脑，在他的调教之下，完全可以胜任这个职位，他想为她创造一个机会。将董瑜调到投资部，促成

公司对她水到渠成的人事任命,许钢心里颇为欣慰。既然对她另眼相看,就该在适当的时候对她特别关照,何况面对公司里那些年龄资历都比他老得多的下属,许钢内心也希望公司多提拔些年轻的干部。

原先,中浩公司下属的生产企业每季度会将报表同时交到投资部和财务部。企业稍作更新,便牵涉到两个部门。董瑜到投资部的职责之一,是要在报表到达其他人手上前,把好第一关,在最大限度上确定数据的真实性。年三十那天,她在开会前赶着写完的就是秀峰包装材料厂的问题清单,她需要在节后去和厂里核对一下。

公司上下都知道,投资部占用资金数大,风险也最大,因此是李杨最重视的部门,也是他安排总经理许钢将主要精力放在这方面的原因。平时的例会上,严宏和季平负责随时向上司汇报进展情况,再将会上确定下来的事一项项落实下去。落实这些事项的具体操作正是由董瑜跟进。而进展顺利的事项,由严宏和季平在会上汇报,不顺利的,由董瑜说明原因。事情发展不顺利时,严宏着急起来总会责备董瑜几句,在会上也曾有意无意将责任归在她头上。她不是不委屈,却从没有越位找许钢解释,倒不是因为顾忌严宏,她是怕让许钢为难。许多事,本身没有绝对的是非对错,申辩也没有什么意义。

小赵作为旁观者,将这些看在眼里,说董瑜的工作繁杂,责任又重,是个吃力不讨好的苦差。董瑜自然明白,自己做着的哪一件都不是能随便交差的事,每根神经都绷得紧紧的。"还好我脑子好用。"她和小赵开玩笑。"完全同意。"小赵对同龄的董瑜难免有些嫉妒,又不得不承认她比自己更担得起事。

小赵是同系统其他部门一位处长的儿子,有点公子哥的小习性,对公司的人爱评头品足,不过平日配合董瑜工作还算认

真。有一回,见董瑜受了冤枉气,午饭时间也不去食堂,独自坐在自己座位上,咬着嘴唇想心事,便故意用激将法,说她被老严当了替罪羊都不敢替自己说话,只想明哲保身求太平。董瑜摇了摇头:"你只了解我的一半。"

在某种程度上,她不喜欢惹是生非,难怪小赵常说她与世无争,但她内心的另一半,却复杂而多面。没有人知道,她内心还隐藏着喜欢冒险的一面,那是一种在有自知之明的前提下去尝试的冒险,"兵行险着",对她是一个很富吸引力的词。只是开始工作后,她一直将自己的内心世界隐藏得牢牢的,她不会轻易向别人敞开心胸。没有人能准确地描述完整的自我,又如何完全看懂别人?

毕业分配前发生的事,让原本就不易冲动的董瑜变得更为冷静。孙志英将田雨禾的事捅到系里,并非纯粹的多嘴好事。田雨禾在全班女生中只对董瑜另眼相看,这令女生们嫉妒,也足以让孙志英做些打击她的事。本来,她和孙志英只是格格不入,经过那件事,她便鄙视她,但她不想对任何人再提这事。

她向来对警世箴言不屑一顾,突然到图书馆的书架上找来好些鸡汤励志书,一口气读完,又反复琢磨那些字词间的意思。悟性颇高的人,再兜兜转转地思考良久,便悟出点东西来,明显地,她遇事比从前沉得住气,静得下心。

董瑜刚开始工作没几年,书生气尚未褪尽,对官职并没什么兴趣,功不功劳的也无所谓。这种心态让她看公司里的人和事就比较客观。和中浩公司的多数人一样,她的顶头上司季平或是严宏,对工作都是极度负责的人,无论对内对外的安排都细致严密,成绩有目共睹,但同时他们谙熟职场和官场的规则,能在中浩做上这两个重要部门的经理,除了有

超强的能力,和他们的高情商不无关系。有这么两位经理在前,即使董瑜独立做完事,也会先向他们汇报,既是缓冲,也多两个人把关。

她越不跳过两位经理向许钢汇报,许钢对她越欣赏。他曾对她说过一句话,足以让她感动,那是一次项目会后,其他人都已离开,她还坐着补充笔记,他冷不防地对她说:"李总和我都知道投资部的具体工作多数是你在做,你做得很好。"说完他就不动声色地走出会议室,留下她独坐良久。

那么说,自己的努力领导是看得到的。上司知道她在公司的作用,她这个小职员心满意足。

五

午餐会结束后众人在电梯口等电梯,不少人见一时人多,不同部门的人难得可以趁机联络一下感情,就干脆在会议室门边站着边聊边等电梯。

十二楼到五楼没多少阶梯,董瑜决定走楼梯下去。

上面的楼梯上响起急促的脚步声。她挪到边上,想让后面的人先过去。

脚步声在她身后几级阶梯处停下来,她回转头,见是许钢。

他就站在那里,注视着她的眼睛。突然,他走下去,将她拉近自己,伸手揽住她的双肩。她也仰脸凝视他,就在这样的对视中,她感到胸口似乎有东西往上涌动,她不敢移动,生怕自己会重心不稳倒向他。他将她拉近,紧紧地拥在胸前,俯身吻她,她不由自主地回应他。

她一直都不知道当时那个吻持续了多久,也许只是一秒钟

抑或更短。她闭起双眼的那个瞬间,只感觉周围的一切都在往后退去,他们仿佛是在一个悬空的平台上。

许钢直起身,伸手抚了抚她的头发:"你先回去吧,我会打电话给你的。"说完,他便拉开消防门拐进楼道。

董瑜做了个深呼吸,想弄明白这件出乎意料的事情是如何发生的,却发现自己思前想后都是徒劳。楼上有门被拉开的吱嘎声,应该是又有人等不及电梯走下楼了。她来不及多想,挪到边上缓缓地步行下楼,有意让后面的人陆续走到她前头去。

接下来农历新年假期的几天里,董瑜内心虽然波涛汹涌,表面却平静如常,除了和父母一起走亲访友,再就是在家和他们一起说说话,做点应节的菜和点心,或是看看电视。

夜里睡下后她便会想起那天的事,她将她和许钢在一起的所有事在脑海里回放,却还是理不出个头绪,她不知道楼梯间的那一吻是怎么发生的,再想,心里便烦恼起来,反正她和许钢之间上下级的关系不可能改变,不如让睡眠隔断思绪。

假期一过,公司里的人与事和往常一样开始了日复一日的运作。

董瑜问严宏她是否可以和包装材料厂联系,严宏才想起告诉她,秀峰厂给公司来过电话打招呼,过年在乡里是头等大事,公司的新年假期虽然已经结束,厂里却要过了正月十五才开始工作。董瑜想想也对,自己心急早做好了准备,却忽略了乡里的风俗。

她每天都会在公司见到许钢。他一如既往地镇定自若,就像什么也没发生过。即使她并没想怎样,他不露声色的样子还是让她有些失落,只能设法让自己不朝他看。

一个人在家时,午餐会那天发生的事还总是会浮现在眼前,勾起她的思绪。公司是个表面风平浪静实际却有些微妙的

地方。小赵不时会传达些小道消息给她，她不过就是听听而已，并不以为然，更不想议论。"送你四个字。"她将一张写了"沉默是金"几个大字的纸放在小赵面前，小赵便知道了她讨厌搬弄是非的人，渐渐地也不再传话。

在家里她不太讲起公司的事。蒋文萱反复在董瑜面前说起她最喜欢的几句座右铭："谦虚使人进步，骄傲使人落后。""有则改之，无则加勉。""不打无准备之仗，不打无把握之仗。"

"我知道了。"听得多了，董瑜多少受到些影响，她知道她父母这样的人不屑钻营人际关系，完全不懂套路为何物。即使看得到有人煞费苦心地为自己寻找保护伞，她却认为只要自己始终谨慎从事，把工作做好，便不需要依靠别人的保护和提携。

六

公司里关于许钢和李杨的关系也是有风言风语的，起初听到时她并不在意，现在因为许钢的关系，她不由得将那些传言从记忆里翻了出来。

李杨是不折不扣的高干子弟，这在公司里并不是什么秘密。从公司成立起，他就是总裁，七年多来，公司的业绩有目共睹，所有人都看得到李杨卓越的领导能力。董瑜曾想过，既然众所周知老首长和李杨的父亲是老战友，那么应该是李杨亲自安排她进的公司。但让她不能确定的是，李杨从来没有和她说过工作以外的任何话，他见到她，就像见到任何一个普通员工一样。她只能猜测，照顾自己的另有人在。

而许钢是从本系统的一个普通科室干部一下子当上集团公司总经理的。系统内人才济济，一个企业的基层员工，即便聪

明过人、才能出众，也需要有恰到好处的时机，才可能被提拔到上级单位，而许钢直接被调到中浩公司担任总经理。公司里悄然流传的是李杨的妹妹李桦看中了许钢。毫无疑问的是，他们明确关系后，许钢才开始受到公司高层的关注。换言之，是李桦在最适当的时候给了许钢一个展露才华的机会，而那时正值李杨成立公司，需要用人，便举贤不避亲地亲自点了许钢的名，从那以后，许钢的命运发生了翻天覆地的变化。

从前听到关于许钢的事，董瑜并不在意，现在却难以做到无动于衷。

他的眼神，他抚摸她头发的手指，他的嘴唇，如梦幻般反复出现在她眼前。只是事后他若无其事的冷漠，让董瑜有些气恼。"就当是一个意外。"她咬了咬横在唇间的手指，对自己说。一眼看上一个人，两三天后发现纯粹是心血来潮的事也发生过那么几回，这次也当是三分钟热度就好了，或者干脆就当什么也没发生。

她调好音响开始听一张黑胶盘片，还倒了一小杯红酒一点点喝下，果然不久就有些许陶醉。她认定那天也是喝了酒的关系。

许钢应该也是，做了总经理，还是文青一枚。

这样一想，她倒放松下来，要自己不去往深处追究。

七

隔了几天上班时，她从窗口远远地看见许钢驾着车从大路口拐进来，眼光不免多停留了一会儿。那件事之前她看到他并不会有异样的感觉。

许钢从电梯那里转过来，在茶水室门口迎面遇见董瑜，脸

上立刻浮出一丝笑意,她却连打招呼的话都说不出来,只能回他一个微笑。他点点头,也未开口,径直朝自己的办公室走去。

董瑜回到办公室不多久,经理严宏就被电话叫走。隔一会儿严宏打电话过来给她:"许总要了解一下目前包装材料厂的情况,你带上资料到会议室来吧。"

站在会议室门口时,她有些莫名的慌乱,于是在敲门前做了个深呼吸。

一进门,许钢迎向她的平静的目光有魔力般,让她的神经松弛下来,脸上自然而然地挂上了她惯常的似有似无的微笑。

她原想在严宏的另一旁坐,严宏却拉了拉自己和许钢中间的椅子,示意董瑜坐下:"你坐这里许总看数据方便些。"

严宏简单介绍了几句,便起身道:"许总,你昨天不是让我去趟银行嘛,我不巧安排了今天去,反正小董手头有详细资料,你有什么问题就由她来回答你,你看行吗?"

严宏走后,许钢将椅子拉得离董瑜更近些,郑重其事地看着她,关照道:"秀峰厂的厂长韩峰是李总的舅父,这个你们老严和那边厂里的人都未必知道。我告诉你这个,只是想让你做事时心中有数。"

董瑜点点头,会意地看着许钢:"我明白了。"

她又问:"许总今天是有什么具体的问题要问我吗?"

他轻轻摇了摇头,然后用一种温柔的眼神注视她,她忽然意识到自己曾经梦想过很多次面对着一个有那样眼神的男人,她感到有些不可思议。但是关于许钢的传说在提醒她不要多想,她下意识地低头去翻文件夹。

许钢也平静下来,仍用他稳稳的语调说道:"这家厂公司收购下来时间不长,现在快到出年度报表的时候了,公司希望他们报上来的数据尽量反映真实情况。韩厂长是具体管理生产

的人,在书面数据这方面,能力弱一点,精力也未必够,目前他那里也没有得力的人帮他,你多花点心思,辅助韩厂长在开头时就将工作做仔细点。最好在那里的报表交上来前你关心一下,必要的话做些辅导。再过段时间,所有投资项目的报表汇总到集团公司来时,都是要摊在台面上的,李总是秉公办事的人,如果报表有失误,将来万一牵扯到资产流失之类的事,就会让李总难堪。相反,如果数据正确,即使将来大家知道韩厂长是李总的亲戚,也无须忌讳什么。"

她知道他用心良苦,既想尽量让她知道那边的状况,又怕她误会李杨。她领会了他的意思,答道:"要不要我向严经理申请去那里多待几天?"他点头道:"那样最好,我会安排的。"

说完这些,他伸出手按在她手上,轻声道:"这些天我一直想单独见你,却没有机会,好在今天老严安排了这件事。这些天你想过我吗?"

她立即抽回手,沉默了几秒钟,叹了口气:"不可能的事,想又如何?"

"那么是想过了?"

她摇头:"上班时间,不说了吧。"

许钢看了看手表说:"我该回办公室了,给我你家里的电话号码好吗?"他掏出一张自己的名片来,"写在这里。"他翻过名片,她写下一串号码,他便小心地在那张名片上做了个记号,放到皮夹里。

当晚他便打电话给她。"月亮很不错。"

她走到窗边拨开窗帘,果然。

"如果月亮是面镜子,我们应该能看到对方。"

她无声地笑:"你像个小孩子。"

"不要笑,我看得到。"

她收敛起笑容,叹了口气。

"你不像多愁善感的人,怎么常叹气?"他似乎有点担忧。

"是啊,最近不知怎么就会叹气。"经他一说,她想想倒是真的。

"听我一句,迷信的人说,叹气会叹走运气,不要轻易叹气好吗,有心事说出来,我想听。"说这些时他自己有些诧异,他从来没有这么劝过人。

她明知他看不到,还是摇头,对着电话自语似的说道:"有些事不说对大家都好,说了就是错。"

"你已经告诉我了,我想马上见到你。"他的声音平稳中多了分迫切。

"你不会知道我想什么的。不要猜,猜也一定是错的。我不喜欢别人误会我。"

他一时不知说什么好,也许她的困惑真的不是为情?

她不再听他说什么就挂了电话,回到客厅,抱着双臂坐在沙发上,眼睛望着墙上一幅画,脑子里一片空白。只有闭上眼、皱起眉,她方才可以思考。

接下去要做的第一件事,该是决定如何处理和许钢的关系,不过,这决定必须做得慎之又慎。他是不是一个光明磊落的人,她不得而知。万一他心胸狭窄,那么如果她拒他于千里之外,她今后在公司可能寸步难行。如果他可以为了私情假公济私提携她,一旦别人察觉到他们的关系,那她如何证明自己的能力都将是徒劳,她所有的奋斗和努力会被一笔抹杀,而被冠上她最不齿的靠美色上位的丑名,况且还有李桦。她的眉皱得更紧了。李桦有一个做高官的父亲和一个做总裁的哥哥,他身边有这样的一个人,她凭借什么可以替代?

突然间的心灰意冷令她痛下决心，只和许钢保持单纯的工作关系，她便仍然是清高孤傲的董瑜，何必与任何人去比？既然如此，她铁了心，无论如何不能卷进许钢和李桦的关系中去。

她走到书桌前坐下，从抽屉里的笔记本中抽出一张照片，那是高翊夹在信中寄给她的，照片中一个斯文的大男孩正注视着镜头坐在悉尼歌剧院的台阶上。

高翊是她的中学同学，六年里，他们同级却不同班。那个时候的女生，如果和隔壁班的男生搭话，会被两个班的同学起哄。他们住得近，放学时在校门口遇上，会一起坐公共汽车或是走路回家，两个班的同学见起哄都哄不散他们，干脆认定了这两人是一对。中学毕业后他到北京的大学读经济学，而她在上海的大学学金融专业。他们间不紧不慢的通信从那时已经开始。

高翊大学毕业后回到上海，进了一个研究机构，工作轻松，但用他的话说，就是简单枯燥。而她，在中浩公司的新工作虽紧张，却做得颇为开心。

在一个寻常的周末，高翊约了她在他们常去的商场顶楼美食广场吃饭。她坐在玻璃墙边，吃完最后一个生煎包，看着高翊将他面前的牛肉汤喝光。

"我要走了。"他用纸巾揩着嘴，嘟囔似的说了一句，但她听清了。那是1989年初冬天，他要去南半球的澳大利亚，之前丝毫不露端倪。她的内心翻江倒海，咬着牙耗着巨大的能量才控制得了情绪，勉强做到他眼中的神色镇定。

一直以来，她都要求自己忽略高翊过于阴柔的斯文，只欣赏他浑身上下充满着的优雅的小资情调。在同学眼中，这两个人都不合群，高翊羞涩，董瑜孤傲，他们竟能和谐相处，那做

男女朋友只是时间问题。两人大学毕业后,应该到了水到渠成的时候,两人却都端着,谁都没有开口。现在,他给她的只是一声"我要走了"的通知,她失望到有些愤怒,但那感觉绝对不是不舍,也不是伤心,倒更像不甘。

  高翊去澳大利亚留学后,并不常给她写信,学习之余还要靠打工将生活费挣出来,他的时间很紧张。她写给他的信就也尽量简短。眼下,他们只能无奈地靠着一年中的三四封信维持联系。

  她握着照片仔细端详。高翊的眼睛就像在看着她似的,他似笑非笑的模样和过去上中学时一样。几年间,遇到追求她的男生,虽说已有男朋友只是一个最好的借口,一提到男朋友这几个字,她脑海里却会浮现出高翊的样子,就算他们之间什么也没有明说。巧的是,高翊也告诉她,碰到对他有意思的女生,他就将她搬出来作为挡箭牌。

  高翊对每封信里希望她能到澳洲去的邀约并未做任何实质性的安排。她猜那是因为他们没有挑明关系,又或者他实在不怎么方便。她领会了他的意思。既然要靠自己的力量办出国手续,而学历、工作经验、年龄、英语,这些用来打分的项目对自己都不是问题,不如直接办移民手续吧,她果断决定。

  心情稍稍平静下来后,她将高翊的照片放回抽屉。和高翊的关系依然扑朔迷离,许钢已是别人的未婚夫。这就是自己的感情现状,她苦笑了下,关了计算机,拿过书和笔记本复习英语。考试近在眼前,她必须心无旁骛。

八

  几天后,严宏一上班就通知董瑜可以到秀峰包装材料

厂去了。

当天中午,她就回家整理了简单的行李,独自坐上了火车。

厂长韩峰热情地接待她。"这厂是我一手创办起来的,中浩公司认为这一行当有前途,我想我个人发展的能力有限,就决定给中浩收购去了。"从韩峰在开始介绍情况时说的话,她听得出他言语中对这厂的感情。她想到许钢的话,并未流露出自己知道韩峰的身份。

韩峰接着有些困惑地问道:"董副经理这次特地来厂里,是不是我们交上去的报表有啥问题?"

董瑜看着韩峰,坦率地说:"我的工作是负责从数据上分析企业的营运情况,写出一个最真实的报告,目的是督促企业走在正常轨道上,这样才可以保持可持续的长期运作,公司利益才有保障。公司收购秀峰厂的时间不长,我想在厂里第一次交年报到公司前,先来确认一下原始单据入账是否正确,如果第一步就存在问题,后面的准确性就不存在了。其他的事,我们可以边做边复核。"

"董副经理这么年轻,就担当重要的工作,一定是个稳当的人。"韩峰点头夸她。他看上去是一个质朴务实的人,也没有因为和李杨的关系有一丝优越感,交谈中她感到他颇善解人意。

"晚上食堂不开伙,我们到厂对面的小饭店吃顿便饭吧。"

韩峰要了一壶黄酒,董瑜连忙说自己不会喝酒,他便自己喝了几盅。见董瑜不像刁钻难弄的人,韩峰便和她聊起了家常。

原来韩峰在解放前就参加了革命军队,快解放时,在战斗中负了伤,只得离开队伍到老家养伤。伤好后全国已经解放,

他就一直在农村务农。实行开放政策后,乡里开办了工厂,他担任了工厂的书记。后来形势变化,他就辞了职,自己创办了家包装材料厂,正赶上好时机,生意越做越大,不久前工厂被中浩公司收购了去。

也许是喝了些酒的缘故,韩峰多说了几句:"现在我们全家都不种田,下海做生意了,这家饭店就是我老婆带着两个儿子一起开的。"

他说完了又有点顾忌,让董瑜自己知道就好,传到上级公司去怕影响不好。

董瑜连忙摆手,道:"现在的形势和以前不同了,人的观念也开放很多,韩厂长是有远见的人,走在别人前头了,我很佩服您的魄力。这饭店,谁开都一样,不存在影响不影响的问题。"

韩峰啧啧称赞道:"董副经理是个明白人哪!"当晚安排她在镇上的宾馆住下。

接下来她就埋头核查厂里拿出来的原始单据入账记录,三天里,她将随机抽查的凭证都看了一遍。"会计的处理比较恰当,个别的开支只需调整一下对应的科目,不影响利润,资金上没有任何不合理的流动。"

晚上,她躺在床上看闭路电视里播放的老电影时,床头柜上的电话响了起来。

竟然是许钢。"怎么找到我的?"她不禁问。

"全镇就一家像样点的宾馆,开业典礼时我去住过,一查就知道了。"他为自己的小聪明而得意。

"你打电话来是有工作要谈吗?"

"现在不是上班时间,不谈工作。你一个人住在陌生的地方,我有点不放心你。"他的语调真的流露出一丝担心。

她心里有少许感动,话语间却无所谓:"我这么大个人了,出个门算什么?"

"我不认识你也就罢了,但既然认识了,就一直把你放在心里比较重要的位置。"

"是比较重要,不是最重要是吗?"她开始抬杠,说完了却意识到自己根本是在无端端地取闹,便默不作声。

许钢也沉默了一刻,说道:"我是实话实说。"

她突然莫名其妙地有点生气,态度忽地转了个一百八十度的大弯,不冷不热的语调无形中向外推人:"也对,我们只是有一点点熟,还不能算朋友,在公司里像我这么一个无名小卒,对你来说,重要不重要从何谈起?"

许钢一时语塞,董瑜听他不说话,便劝他早点休息,不必浪费时间。

他还想说点什么却又停了下来,她听得见他那头的声音是有人开门进屋,她想那应该是李桦吧,她自嘲地笑了笑,觉得刚才自己对许钢说的话显得有些可笑。

他停顿了片刻后匆匆道了再见。

"还是离我远一点吧,许总经理!"她将电视关掉,熄了灯躺下,很快就进入睡梦中。

之后一天的整个上午,董瑜坐在厂里的会客室,将几天来做的有些潦草的笔记整理成报告。

韩峰偶尔进来和她说几句话,她就将最后一些琐碎的问题逐一提出来问他,他也实在地解释了为什么如此这般,她心里就有了底。

近中午时,韩峰过来请她到小饭店去吃饭。前几天韩峰看她太投入,午饭都是派人从食堂那边送到会议室的。

"不用到外面吃,我想麻烦你带我去厂里的食堂。"

其实她是还有一项开支要核实,从账上看,工人的午饭由厂里供应,近百人每天要开餐,也是一笔不大不小的支出。她想实地察看一下食堂的伙食标准和账上的开支是否一致。

韩峰说到厨房关师傅做两个招待客人的小灶菜,董瑜觉得也算合理,便在一张台子边坐下等着。这当口她不动声色地观察了一下工人的饭菜。见边上一张桌子坐着的一个年轻工人有些好奇地看着她,她笑笑:"伙食还好吧?"小伙子一脸幸福地咧嘴笑道:"乡里我们厂的福利待遇最好,职工午饭免费吃,每个月按生产数量发奖金,过年还发不少奖品。"她看了一眼他面前的不锈钢托盘,白米饭加两菜一汤,芹菜豆腐干,茄子红烧肉,西红柿蛋汤。"果然很不错。"她点头表示赞同。

韩峰急急忙忙地从厨房跑出来,朝董瑜招手:"我们还是到小饭店去吧。"

她不解地看着他,韩峰解释道:"办公室打电话到厨房来,许总下来了,在会议室里,我们过去吧。"她想也好,到食堂的目的也达到了,就和韩峰往回走。

许钢站在会议室的窗前,她抬眼看时,他也正看着她。

她尽量保持无动于衷,韩峰却热烈地挥着手快步朝楼上的会议室走。

他们握手时,韩峰侧身故作神秘地向董瑜说道:"我们快做亲戚了。"

董瑜不语,看着许钢,许钢示意韩峰不要说得太多,韩峰也意识到自己话多了些,忙岔开去说不如先吃了午饭再谈工作。

午餐时许钢和韩峰简单交谈了几句,却并没有和董瑜说什么话。董瑜明白许钢是顾忌着韩峰是李桦的舅父这层关系,便自顾自沉默着吃饭。

走出饭店时,许钢终于转向董瑜,问她进展如何。她说还有一两个小时就可以做完自己的事。他只是点了点头,又只和韩峰谈话去了。

董瑜回到会议室继续写报告。

下午三点钟时,许钢和韩峰一起到会议室来。许钢问道:"小董,你的事进行得怎么样?"董瑜道:"需要做的都已经做了,报告也刚写完,回去打印出来就可以了。"

"打算什么时候回去?"他问。

她看了看手表:"现在乘长途汽车换火车,时间太晚了,就是厂里送我到火车站,也太仓促,我明天一早走吧。"

他想了想,道:"那么我今天也不赶了,明天你不用坐火车,我带你回去。"又对韩峰道:"韩厂长,我们明天就不过来了,直接从镇上出发。今天就在这里告辞了。"

韩峰急忙道:"那今天的晚饭还是要安排的。"

许钢摇头道:"你厂里和家里也都有事情,不能老是占你的私人时间。今晚我还有工作上的事需要布置给小董去做,我们两人就在宾馆的餐厅随便吃点,顺便谈一下公司里各个方面的工作。"

韩峰听他讲要在吃饭时和董瑜谈公司的工作,不便再坚持,就和他们道了别。

九

许钢将车停在宾馆门口,董瑜正要下车,许钢却开口道:"我打算今天就回去,你也一起走,怎么样?"

董瑜不假思索地道:"我无所谓,能早点回去最好了。"便很快地去房间拿行李。办退房手续时,她似乎明白了他问她进

展如何的目的。

回到车里坐好后,许钢侧脸看着董瑜,问道:"准备好了吗?"

董瑜边扣保险带,边点头道:"好了。"

"我们出发。"许钢将车子开出宾馆拐上公路,加大油门,性能很好的车子瞬间加速,在国道上高速行驶。

"情况怎么样?"许钢只笼统地问,她知道他想了解的是什么。

她大概地说:"这个项目投资不大,收益不错,不但目前很有市场,而且大有发展潜力,应该说是成功的。将来能增加些设备,生产新型的环保品种更好。这对当地经济也有好处,和由什么人掌管经营没什么大的关系,没必要顾忌什么。"她顿了顿又补充道,"而且,账上基本也没有巧立名目、虚报开支的情况,就连细节也是经得起查的。"

"这样就好,看来韩峰做得很不错,"他应该早知道是这样,"今天我是换了日程安排特意来接你的。"他开着车,眼睛注视前方,冷不防又冒出这样一句话来。

董瑜故意道:"难怪,我还在想怎么这么巧。"

"你知道的。"

"我知不知道有区别吗?"她有些幽怨地看了看他。

见他沉默下来,她倒有些自责起自己的小心眼来。

车子继续疾驰。许钢按开了音响键,一个低柔的女声和着凄美的音乐诉说着无奈的恋情。她闭上眼侧耳倾听。

一曲终了,他重放了一遍。她陷进那段乐曲里,觉得那旋律和歌词都毫不掩饰地冲击她的心,她就是那个唱歌的女人,心中有着绝望的恋情,这样想着,眼泪便顺着脸颊缓缓地滑下。

他转脸看了她一眼,愣了一愣,用温柔的语调问道:"有什么不愉快的事吗?"

"没事,只是这首歌不管歌词还是旋律,都实在太让人动情了。"

他顿了片刻,缓缓说道:"你是我见到过的唯一和我一样为这首歌流泪的人。"

她有些诧异,没想到他也是一个感情细腻到会为一首歌动容的人。可是骨子里有这种脱离现实的浪漫男人,并不适合中浩公司总经理一职。也许正是因为过于敏感,才特别容易感受到有没有权力的不同之处,才更需要借李家的保护伞,才能在中浩公司有生存感吧。如果那样,自己越是自命清高,在许钢眼里,自己就越是渺小。她不愿再想,转头看向窗外。

路牌指示着他们离市区越来越近。许钢看了看时间,向她预告:"我们还有四十分钟就进上海地界了。"

他不再说话,只管开车。

她感到累,努力想保持清醒,也想和许钢多说话,以免他因开长路的枯燥而疲劳,自己的眼皮却不听话地粘在一起,竟然睡着了。

董瑜醒来时,许钢正将车倒进一栋高楼前的停车场里的一个车位。天已经黑了,对面店铺的灯光有些刺眼。

她有些窘迫,问许钢道:"到哪里了?"

"我家。"

"那我叫出租车回去,你早点休息吧。"她下车等着他开后盖好取行李。他却将她的旅行袋提在手上,不交给她。

"我请你到家里吃顿便饭,不可以吗?"他在询问她的意思,神情有些不安。

"不麻烦你了,你刚开了长路,需要休息,我只是坐着都

已经累了。"她摇头。

"既然累了，就不要回家一个人再做饭，我冰箱里有现成的，先随便吃点，我再送你回家。"这次他的语调霸道起来。

她不再说话，算是同意。面对他精心策划的情节，她不想让他觉得太挫败。

电梯在十六楼停下。他引她向右走。"下次来时记得，出电梯向右第二间1607。"他叮嘱道，一边开了门将她让进去。

"假如向左呢？"她故意打岔，心里想的却是怎么还会有下次。

他嘿嘿地轻轻笑了出来："向左也可以，走廊是回字形的，一路左拐就是了，一般人总是会先向左，按门牌号绕个圈找到我这里。"

他请她在客厅的沙发上坐，将电视机和音响打开后，就去了厨房。

她环顾了一番，宽敞的客厅，一头放了餐桌椅，另一头被布置成迷你影院，而厨房外的饭厅却被他用来当办公室。

她走到厨房门口，站着看他在那里忙这忙那。

"你开了一路的车累了，我已经睡了一觉了，让我来吧。"看他的脸有点苍白，她不忍再让他下厨房。

他摇头："很快的。我还不算太老，没那么容易累。"

她忍不住笑了出来，自语似的说道："老板开车接伙计回家，还亲自下厨招待晚饭，伙计受宠若惊，是不是该担心鸿门宴呢？"

他只是笑，也不接她的话。

她着迷地看着他白皙纤长的手指灵巧地摆弄着食物，不由得神思恍惚起来。他却开口道："好了，帮忙把盘子端到饭桌上去吧。"

很短的时间里,他已做出了几道凉菜,又在煤气灶上烧着一大锅水。

她将菜端出厨房的时间里,他已倒好两杯红酒。

"先喝一点吧,我猜你一定喜欢喝度数低的酒。"

他们轻轻碰了碰杯,她不由得想起上次在公司的午餐会上和他一起喝酒,看他若有所思的神情,她知道他也在回忆那天的情景,两人相视一笑。

她啜了一小口便将酒杯放下,夹了菜来吃,而他一口下去,他那杯酒明显低下去不少。她还在那里细嚼慢咽时,他已喝尽了他杯中的酒,自己又斟满,起身走向厨房去看那锅水开了没有。

"看来他早有准备,要当心。"她边用筷子夹面前盘子里的海蜇边警告自己。

他在厨房待了一会儿,捧了一大盘热气腾腾的饺子出来。

看着她吃完一个饺子,他问她是否喜欢他拌的馅。她点头:"味道很好。"他便将盛饺子的盘子移近她:"多吃些。"她说:"我不会客气。"

"你平时自己包饺子?"她有点好奇。

"很长时间没有动手了,前两天刚包了些放在冰箱里。我外婆家是北方人,我小的时候我妈妈就教我自己擀面和馅包饺子。"她更确定这顿晚饭是他事先安排好的。

她发现他看着自己,便岔开话题:"你父母好吗?"

他告诉她,他们已退休在家,住在市郊的镇上,替他哥哥带孩子。他也问起她的父母,她说他们都还在工作,只是自己不和他们住一起。他便说他知道她住的地方,离公司不远。他一定是从她的档案里看到过她的地址。

她说吃不下了时,盘里还剩下好几个饺子。他说他也饱

033

了,不过最好别剩下饺子,凉了再热味道就变了。

他想了想道:"我们背唐诗吧,一个人出上句,另一个接下句,答不上来的人吃一个,再出题让对方接。"

她拍掌道:"好啊,这主意不俗。"

两人就比画剪刀石头布决定谁先出题。

董瑜赢了,稍想了想,吟道:"花间一壶酒。"他就接"独酌无相亲";她又道:"五花马,千金裘。"他又接"呼儿将出换美酒";她道"沧海月明珠有泪",他答"蓝田日暖玉生烟",她再想想,又出一句"春潮带雨晚来急",他顿了顿,自己夹起一个饺子吃了,她就笑了,他吃完却说道:"野渡无人舟自横。"她笑得更厉害了。

他摆了摆手说:"还是我吃了吧,女孩是要保持线条才不多吃的。"

这样许钢就将剩下的几个饺子都吃了。

他让她坐,他去洗碗。她抢着去洗,说她也该做点事。他就指给她看挂围裙的地方。在挂着的两个围裙前,她犹豫了下,挑了像男人用的那个戴上。

他看在眼里,没有出声,暗暗怪自己粗心。他和李桦没办婚礼,却已领了结婚证,李桦平日在她自己家住,偶尔也会到他这里住上一两天。面对董瑜,他没有勇气说出来,

她除下围裙,一边去提自己的行李,一边对他说道:"我坐出租车回家,你早点休息吧。"

他却留她:"喝杯茶再走,好吗?"

"不用了,已经这么晚了。还没有谢你,好久都没吃过这么好吃的饺子了。"婉言谢绝的同时,她诚恳地感谢了他。她总是将下班后的时间安排得满满的,每次购物,都会买足速冻食品塞在冰箱里。

他走过去,将她的旅行袋接过去放下,拥住她,轻声道:"我们太难得有这样单独相处的机会了。今晚留下来,不要让开心的时间过去得太快。"

她轻轻地推他,说道:"我们的缘分还不够。"

他无语,却又不甘心松手,长叹一声。

她道:"你不是说叹气不好嘛,自己怎么也开始叹气了?"

他看着她,问:"如果像朋友一样,留在我这里,可以吗?我想亲自送你到家,但是今天我累了,还喝了酒,明天一早我送你。"他将她拥得更紧些,眼神充满等待。

她敌不过那样的眼神,不由得点点头,他立刻恢复了轻松的状态,她倒慌乱起来。这一刻想着如果不想卷到许钢和李桦当中,现在还来得及,下一刻又安慰自己,只要自己冷静,这一晚应该不会妨碍什么。

她以最快的动作冲了个澡。几分钟里,许钢已经在沙发上铺好毛毯。客厅里的电视机在播放着光盘,屏幕上,一幅幅风景画正以优雅的速度切换更替。"听会儿音乐放松一下吧。"他将几本杂志放到茶几上。

伴随着画面上旖旎的风景,是轻柔舒缓的舞曲。她在沙发前的地毯上坐了下来,随手拿了本杂志翻看起来。

许钢很快地从浴室出来,穿着睡衣走到沙发边,伸手给董瑜。这就是他播放舞曲的用意。她心里明了却无法抗拒他的邀请,由他牵着手站起身来,他用双臂圈住她,两人随着音乐缓缓舞动。

许钢收紧手臂,她想躲开却迟疑了一下,他俯身将嘴唇温柔地贴上她的唇,她不由得闭上眼,享受这一瞬间的感觉。就在陶醉到几乎把持不住时,隔着薄薄的睡衣,她突然感觉到了许钢发烫的身体。

"不要这样。"她用了力才将他推开,她的神情一下子严厉起来。

他心虚地走到沙发边坐下,不言不语,即使她不知道,和李桦已经是合法夫妻这个事实还是镇住了他。

"许钢,"她第一次直呼他的名字,"你以为自己聪明,我也不傻,你已经是要结婚的人,如果我们纠缠不清,今后怎么办,你想过没有?"

"我没有想那么多,我只是真心喜欢你。"他说的是真话。

"我不是没感觉的人,但是那一头你放得开吗?"她的话击中的是他的要害,也是她自己跨不过的坎,他无法回答。

"假如你的答案是不,就不要做让大家后悔的事。我不保守,只是没傻到和快结婚的上司玩一夜情,何况我也是有男朋友的。"她被自己竟然对许钢也拿出这个借口来吓了一跳,她和高翊连手都没有拉过。

许钢一下子怔在那里,董瑜说的一堆话里,他只在意她最后的那个理由。他回过神,立刻问道:"以前从没听说过你有男朋友,他在哪里?"

她摇头:"他出国很久了。"

"我还是走吧,我不应该留下的。"他没有阻止她换衣服。她收拾旅行袋时,他恢复了往常的镇定,开口道:"我先订车,等一下我送你上车。"说话间,他也已经快速地换回白天穿的衣服。

午夜的路灯照着两个难舍难分的人,他拉住她的手:"真的一个人大半夜走?"她的眼泪便毫无理由扑簌簌地掉落下来。出租车停在他们面前时,他拉着她的手和她一起坐了进去,一路十指交错紧紧相握。

他们以一个深吻告别,他原车返回,她独自上楼,疲惫不

堪地躺倒在床上,和衣睡去,直到翌日天亮。

这是他们最亲密的一次接触。这样的一趟旅行和这样的一个夜晚,成就了他们之间介于爱情和友情的绵长的感情。他们对望的眼神中从此有了一份默契,就像一段没有言语的对白,只有他们能明白对方。

如果不能坦荡地相爱,她宁愿退后一步,转身离开。只有她而不是另一个女人可以和她爱的人牵着手出现在别人眼里,如果只能躲在暗地里偷偷地分享别人的男人,那她就是一个输家,她心高气傲,绝不甘心。

她看得到,和许钢的关系已经触及了最远的可达之处,不必尝试,她已知道,即使用尽最后的力气,她都无法越过横在他们之间的沟壑,她情愿知难而退。

"这世界上有无数有缘无分的感情。我们只是尘世间的又一对。"夜深人静时分,他在打给她的电话里感慨道。她握着电话站在落地窗前,任由白色的纱帘在夜风吹拂下掠过她的发梢翩翩翻飞。他的话语一下一下地刺痛着她,深深刻印在她心里。

只是每次看见他,她却做不到无动于衷。只要遇见,他们就会互相微笑,有别人在时,只要看到他眼中那个专属于她的眼神,她的内心都会一刻不停地在梦幻和现实之间快速切换。

+

在公司里,许钢更加谨慎,只是通过严宏了解董瑜手头那些工作的进展。

和过去一样,董瑜仍是一丝不苟地做自己的事,处处将严宏放在位置上。许钢不给她任何工作上的特别照顾,是因瓜田

李下的忌讳。纯粹精神世界的交往没有任何功利关系,她觉得更好。偶尔地,她也会矛盾,此一时患得患失,彼一时回想起和许钢在一起的每一分钟空气里都充满着温馨,却又充满喜悦。那是一种和高翊在一起时从未出现过的感受。

中浩公司在扩大收购。李杨如有神助,又收购了一家电子显示屏生产厂。

董瑜懂李杨的思路。这家电子厂有生产能力,市场也有潜力可拓展,只是因为管理不善,导致产量萎缩,濒临破产。而中浩公司拥有电子厂后,不但公司下属的其他厂可以按成本价购进显示屏,降低产品成本增加竞争力,公司自身的需求还可以使电子厂的产量一下子提高,返亏为盈。下属企业的良性循环,是公司将产品销售范围从华东扩大到华北乃至全国市场的策略保障。

"如果年产量提高五万套,以每套四十元净利算,每年就会增加净利二百万元。"严宏在例会上举出电子厂的例子。

要改善电子厂的管理,公司必须去除厂里原管理层中的部分人员,由公司派人担任重要职位。在确定财务经理的人选时,公司领导的意见并不统一。人事部的对外招聘虽在进行,应聘人员的表现却并不理想。许钢在公司例会上提出另一种做法,由公司暂时派人下去兼任这一职务,直到招聘到合适的人员再做安排。

"公司刚注入资金将工厂接管下来,必须派可靠的人过去,将工厂的操作按规则和公司的管理接起轨来。新招聘来的人必定要经历熟悉期和磨合期,还不能落下工厂的日常工作。"

许钢的理由听起来不无道理,各人考虑后都同意了。至于人选,李杨问财务部的季平怎么样,许钢和章斌都摇头,季平的能力虽足以胜任那个职位,但公司这头的职责重大,他不可

能两头兼顾。

许钢提议还是由投资部先派人兼任电子厂的财务经理："只有投资部的人才对全部收购过程了如指掌。"许钢主管投资，他的意见自然作用不小。

严宏先表态："我认为董瑜最适合这个位置。"乍一听，众人对严宏的提议不免有些担心，仔细一想，除了年轻和是单身女性这两个并不能算理由的理由，董瑜确实是最理想的人选。

"你觉得老严的提议怎么样？"许钢想知道李杨的意思，没想到李杨第一时间便爽快地将这个任命确定下来。

董瑜办完交接，便去了工厂上班。每周两天，许钢也需要到工厂办公，那两天，下班后他总会顺理成章地将她送到家门口。

一天加班开会，到她家楼下时天色已黑。"我家里没吃的，旁边新开了家饭店，我请你吃饭。"她开口邀他。吃饭时他要了瓶啤酒，两人分着喝了。

"先上去喝杯茶，等酒劲过去再开车吧。"这还是她第一次请他到家里去。

"你怎么会有你自己的房子？"平日的淡定没能掩盖住好奇心，许钢还是问了出来。

"我家祖祖辈辈生活在上海，我曾祖父留下一栋花园洋房，我爷爷和父亲都是独子，继承了房子，解放后交了一半给政府。后来拆迁时，另外一半，政府给我们分了两套市区的单元房，我自己就有一套房子了。凑巧，这套房离公司这么近。"一段历史，她说来像一个平淡无奇的故事。

"你非常幸运。"他若有所思。

"是的，幸运。平时我住在那里，通常周末才到我父母

家。"他记下了她随口说的这句话，时不时地，会出现在她楼下，给她送上些小惊喜，诸如一把花、一包刚出锅的生煎或是鲜活的螃蟹之类。她无法定义他们之间的关系，意识到那种往来避免不了暧昧后，她便妥协、默许了他的这些举动，只是她怕被人看到在上班以外的时间坐在许钢的车上，那样事情就会变得难以解释，而且越解释反而会越描越黑。

几个月的时间就这样过去了。移民的事进展顺利，高分通过英语考试，体检合格，派出所也开出了良好记录证明。在没有拿到签证之前，董瑜不想将这事告诉任何人。

各人还是在忙各人的事，年底又悄悄来临。董瑜开始有些紧张。她的工作有连贯性，和公司计算机部合作，为电子厂建立数据档案实行管理计算机化的事正在进行中，如果她一走了之，这件事很可能会因此而前功尽弃拖延下去，她想将这事在她手上完成。计算机部一直在按正常的工作节奏做事，她没有可能将自己的情况告诉他们，去催促他们加快工作。她想，好在即使签证出来，这份工作没有完成，她还是会有足够的时间向接替她的人交代。为此，她详尽地将工作提纲列出来，一步一步，严密周详，这样到她不得不走时，其他人会有线索可依。

那段时间下班后，董瑜通常会在办公室多待几个小时。她手头既有厚厚的原先的数据，又有每天正在产生的原始单据，要完全在上班时间操作完这些是不可能的。工厂留用的财务科原班人马似乎并不合作，对莫名其妙多了个年轻的女性顶头上司，他们明显有抵触的情绪。发现了这点，她不得不独自担当，将下班后的加班时间一再延长。

这个时候，她出国定居的签证下来了。

十一

　　这天下班时间已过了几个小时，董瑜一个人还在办公室里做事，许钢突然走进她的办公室。

　　"我不是让你不要等我了？"她见到他，有些意外，她明明看见他已开车离开。

　　"我和其他公司的老总在一起吃饭时谈了点事，回来时想看看，如果你在，我可以接上你一起走。"见她的神情有些疲惫，他不由得怜惜地摸了摸她的头发，走到她身后，用双手揉捏她的肩膀，她有些感动。

　　"我需要你帮个忙。"他俯下身，在她的耳边轻声说。

　　"什么样的忙？"

　　他不直接回答，先问："现在厂里流动资金有多少？"

　　她在计算机上查了下："九百多万元。"

　　"公司需要调用一下厂里的资金。"

　　她警觉起来，轻轻拨开他的手，转头看着他："多少？多久？"

　　"五百万元，一个月。"

　　"有书面通知吗？"

　　他摇头："目前公司有急用，理由不方便公开，所以到你这里调一下头寸。事情太急，如果照正常途径，先开会研究，通过后再向银行申请贷款，等着他们开会研究层层批示，这样会耗费太多的时间，简直是开玩笑，商机稍纵即逝，我们等不起。"

　　他拉她站起来，拥住她。"你放心，资金很快就会被还进厂里。工厂这里几件具体的事都还在商量中，所以厂里暂时不会动用这笔资金。"

"这事我需要和厂里其他领导商量了再答复你。"她心里充满疑惑却不知该从何问他。

"这不行,目前这件事还需要保密。"

"公司里还有谁知道此事?"她觉得事有不妥,又问了一句。

"只有李总和我,这事暂时不宜扩散。"

他放开她,从一个信封里抽出一张纸,那是一份文件的复印件,上面有某个公司的名称、地址、账号等。"让银行将本票开这个抬头,直接交给我。"他将那张纸折好放回信封,放到她手上。

她沉吟了一下,坚决地看着他:"你是我的领导,可以不用告诉我资金的用途,但是你必须给我一个正式的书面指示。等资金回到公司,我会考虑不把这份指示存档。"事关重大,她不得不为自己做防卫。

他犹豫了下,问:"假如没有任何书面的指示,你不会动用资金,这是不是你的态度?"

"原则。"她坚决地点头。

他冷静下来,坐到她对面的椅子上。他们分坐在一张办公桌的两边,面对面地注视对方。

"董瑜,知道为什么我提名让你兼这个职务,为什么给银行预留的印鉴只有你一个人的,这难道是疏忽吗?还有,为什么厂里的资金一直没有向外支付?这一切都不是偶然的。"

她点头道:"李总对具体操作基本不过问,他信任你,多数事都是由你操办。"

他不由得慨叹:"董瑜,李总和我都认为你是个稳妥可靠的人,才会让你做这事的。你应该相信我。"

她还是摇头:"我需要一个手续。"

他的脑子飞速地转动。他曾听董瑜说过田雨禾和孙志英的事。只需简单地分析，他就推断得出，既然对同学她都是一个讲义气的人，那凭他们现在的关系，涉世不深的她应该会为了感情肯为他做这件事。不过现在看来，一向谨慎行事的她并不轻易松口。为了让她做出让步，他只有留下有自己签名的书面指示，这样在她而言，虽有不妥，也算没有违反公司原则。她说的当收到归还的资金时可以不将指示存档这话，他清楚地听了进去。这承诺不符合规定但确实已是她能为他做的最大让步了。他决定放手一搏。在他归还资金前，应该什么都不会发生。

他拿过纸笔，当着她的面写了几行字，签上名，折好放进信封。

她默默地将信封放进抽屉。许钢总归是她的上司，他的安排总有他的道理，有了他签过字的书面指示，她至少有了理由和退路。再说，他更是集团公司的总经理，她按他的指示办事，也不是件太突兀的事。但是不到万不得已的关键时候，她不会将这张纸放进公司任何一本文件夹，这点是她的私心所在。

那晚他们在黄浦江边的一家饭店一起吃饭，两人面对面坐在靠墙的桌边，沉默地吃着随便点的食物，各自想自己的心思。

"我办完事后马上通知你。"董瑜先吃完，抬头看着许钢。本来她是该在拿到签证后第一次见面时就告诉他出国的事的。

"好的，"他低着头不看她，边吃边说，"假如有其他更可行的方案，我是不想让你卷入这件事的。但目前这是最难得的机会，可以免掉许多麻烦，事实上这件事对谁也没有伤害。再说如果有什么事，只要我在，不会允许别人为难你。"

需要资金的人无论是许钢还是李桦抑或李杨，从董瑜这里抽调并不是唯一的却绝对是最快捷的办法。难道他们三人中有一个在做一件不体面的事，而她要在完全不知情的前提下，做他或她的操盘手？董瑜沉默着，被人利用的感觉凄凉地慢慢升起，从心里漫漶到眼里，她脸上泪光闪动。她站起来，走到他身边的座位坐下，将脸贴在他肩膀上。她从心底里感到了后怕。这笔钱到底会不会一去不回？她不得而知，却宁愿选择相信许钢，再如何，他都不会恶意地欺骗自己。

她流泪，是因为另一个令她心碎的原因。她不想告诉他，她就要长久地离开了。"让我为你做件事，好让你永远记得我。"她在心里默默地说。

蒋文萱到底是她的母亲，察觉得到她一丝一毫的不妥。但是她只是给了她一个默默的注视。假如有必要，董瑜会向她吐露心事，不然的话，就是她的忍受力还有宽余的尺度，她能够自行处理眼前的烦恼。

当她将五百万元的银行支票交给他的时候，他有些感动。比预期的顺利，她给了他一个巨大的惊喜。他紧紧地拥抱了她，他很想告诉她有了她的帮助，他离他的梦想忽然近了许多，而最终他的梦想是要和她分享的，但是他还不能说出口。接下去就是如何不受李桦摆布在暗中办成他自己的事，他想只有在事成之后，他才会将整个过程向董瑜和盘托出。

十二

一个月很快就过去了。虽然在这段时间董瑜在任何人面前只字不提许钢那头那笔钱的事，自己的心却时刻悬在半空。最让她不安的是她已经预定了两个月后的单程机票，一旦收妥

五百万元的还款,她就会向公司辞职。

在厂里接到章斌的电话时,她立刻料到是那件事。章斌让她马上到他公司办公室去。十万火急——他用了这么一个词。

她先打了个电话给许钢。许钢简短地说了声:"我知道了,我会处理的。章斌对这事的来龙去脉完全不知情,记住,任何情况下,什么也不要对他说。"

果然,章斌神情严肃,开门见山地问她,厂里的资金被转到什么地方了。她稳稳地说道:"有些事属于商业行为,需要保密。"

章斌一反常态,气急败坏起来,厉声质问:"这么大的事,为什么不向上级请示?"她想到许钢关照她的话,淡淡一笑:"我一直是根据领导的指示办事。"

章斌本来对事情了解的不是很多,董瑜这么一说,他怕其中真有什么误会,再说李杨只是嘱咐他先向董瑜了解一下情况,弄清楚事情之前,先不要将事情扩散开。他的口气缓了下来:"这样,你回去将此事件写个书面报告,报到公司来,必须写清楚目前资金在哪里,在派什么用处,我们核实后再酌情处理。"

在许钢做出解释前,她不会将他推出去做她的挡箭牌。她毫不担心这件事迟些会由许钢亲自解决,她不会再被问及任何有关此事的问题,或许因为许钢在公司的身份有些微妙,他会以不同于寻常的方法去处理。

她称不舒服,早早出了公司。回到家里给自己倒了杯水喝下后,她才镇静了些,开始分析这件事。

第一种可能,这事由李杨安排,而且没有按规则办事。不过她马上又否定了自己的推测,因为如果那样,先找她的人根本不可能是章斌或公司内的任何人,而是诸如工商管理局之

类;另一种可能,是李桦牵头的事情,那么,有什么不妥时,她会先去找李杨做她的靠山,也不会由章斌来找她;只剩下最后一种可能,就是李杨事先完全不知情,所以派他信得过的章斌出面,先找她谈话,毕竟她是经办人。这么说,是许钢,是他在利用自己为他办事,而且李桦和李杨都不知情。对许钢的说法本来就将信将疑,现在章斌找了她,经过这些并不复杂的分析,她应该可以确定是他了。

在这件事上,不管有没有许钢的亲笔指示在手,她也是有错的,只是许钢手写的那张纸或许可以从法律上为她免去或减轻责任。那么,许钢怎么办?他煞费苦心,她必须帮他。既然她处在一个特殊的时候,她就知道了该怎么做。

她泡了个热水澡,从浴室出来后有点头重脚轻,便一下子将自己摔在床上。电话响起来,是许钢,她接起来。

"我在你家楼下,帮我开门。"一进门,他就握住董瑜的双肩,紧张地问,"听公司的人说你身体不好直接回家了。章斌是怎么和你说的?"

她皱着眉说道:"那件事,应该是厂里财务科有人向公司打了小报告。"

"你怎么说?"

她不直接回答,只是看着他:"什么时候可以还钱?"这至关重要。

"很快。"

"我需要确切时间。"

"下周。"

"不行,三天之内一定要还,"她飞速地按着桌上的计算器,"而且你必须多还五万元,这事就可以大事化小。"

"可以。"许钢没有丝毫的犹豫。

和走正常渠道所需要的开支相比,五万元是微不足道的,正因为这数字太小,他不知道她如何交代。

"假如还了款,加上额外的数字,你有没有办法做到不需要我出面?"他试探着问她。

她深深地吸了口气,又长长地呼出去。她猜到了他的心思。她端起已经空了的水杯,眼光却不知落在哪里。

"公司里有一帮人排挤我,找机会要踢走我。他们以前想从政治上搞我,我是总经理,又是党员,没做过贪赃枉法的事,他们找不到把柄,就想从生活方面找问题,又一直碍着李杨的面子。如果这次的事让他们知道内情,他们会在两方面都大做文章的。李桦也马上会怀疑你我的关系,我的职位一定会保不住,就更没法保护你了。"隔了一天不见,他看上去老了几岁,她不忍心看他忧心忡忡的样子,但冷笑了一下:"我完全理解你的处境。"他向她诉苦,无非是因为他不想在这件事上出面,她懂。

她看着他,坚决地说:"我会去找李总谈,你不用担心。有这额外的五万元,我就过得去。对我来说横竖都是一个结局,何必再赔上你?"她说这番话时表情是冷冷的,他觉得这不像她说的话,脸上有些不自在。

她仍然看着他,问道:"这事是你一手操办的,是吗?"

许钢没有料到董瑜会如此咄咄逼人,他一时不知道该怎么回答她,走到厨房,从冰箱里拿出一瓶汽水,回到沙发边坐下。

"我不知道那笔钱到底派了什么用场,但是想得到事情和你有关。"揭开他竭力掩盖的事实有点残酷,她的口气缓和了些。

许钢喝了几口汽水,不从正面回答:"我以为你很聪明但

没有社会经验,现在才知道我低估了你。"

她自嘲道:"聪明的是你,我真聪明就该在第一时间知道是你。"

许钢来之前,她心情再差,头脑仍然冷静。她竭力将自己设想成局外人,重新去审视她和许钢的关系。

她一直以为,在中浩公司,他们是两个与他人格格不入的另类。工作之外,他们在一起品酒、吟诗、听音乐、跳舞、谈心,其实,他们与众人无异,只是各人皆有自我陶醉的方式,他们恰好浑身充满了小资情调而已。细细想来,也许从安排她进投资部起,一切都是他布的局,她竟还曾以为,他会和她一样为情所困,原来,他是用她的年轻天真在赌。多么可笑啊!回头看来,刻意安排出的惺惺相惜,也不过如此,寻常至极。

"从资金的轨迹,看不出这事和你有任何关系。不管公司里怎么天翻地覆,你都先不要流露什么,千万不要卷进来,我自有安排。"她说这话时仿佛胸有成竹,许钢看得到她的眼神中含着一丝凛冽。

李杨将许钢、严宏和季平召到办公室时,章斌已经坐在里面的沙发上,李杨脸上的神情无比严肃。

李杨看了章斌一眼,章斌会意地点点头,开口说道:"恐怕我们谁也想不到,公司里最年轻的中层干部董瑜胆量如此之大,私自将电子厂的五百万元资金出借给江苏一家企业一个月,虽然在短期内为公司获取利息五万元,但是她这样做的风险大到惊心动魄,而且她利用了公司管理上的漏洞私自操作。这样的人,再有能力,公司也绝对不能再用。她已经书面向公司说明了情况,也知道公司对她应该有所处置,她准备接受公司内部任何形式的处分。现在她提出,既然如期收回借款,公

司非但没有实际损失,还得到比银行利息优厚的经济补偿,希望公司不再追究法律责任。你们怎么看?"

各人皆不言语,各自按自己的思路考虑着,个个脸上的表情都复杂矛盾。

严宏先打破沉默:"既然公司没有损失反而获利,我认为不必追究。"看了看众人的反应,严宏接着说道,"董瑜是从我部门里出去的,我平时很看重她,做出这样的事有点不可思议。"

季平也道:"我在想,小董背后是否有人指使,从她原来在我部门的表现看,我认为她是个谨慎的人。"

许钢沉吟了一下,对李杨道:"我看这事就到此为止吧,钱已经回来了,一切假想的风险就不复存在。至于小董,我想她也是年轻,经验不足。她的工作一贯做得不错,我们公司目前需要这样的人才。"他知道毕竟董瑜是因为李杨的关系进的公司,李杨应该不会太为难她。

李杨摇了摇头,用不容商量的口气道:"我同意不追究法律责任,但是她应该受到公司内部的处分。"各人面面相觑,严宏似乎还有话要说,李杨皱着眉摆了摆手:"不必再说了。"

许钢一直不知道的一件事,就是在他们几个人为董瑜的事开了会后,董瑜直接打了电话给李杨,要求单独和他谈谈。在李杨的办公室里,董瑜诚恳地向他道了歉,也感谢了他同意不再追究这件事的法律责任。

李杨神情严肃地看着面前这个年轻的女下属。她在电话里很坚决地要求见他的勇气让他想知道,她到底要怎样向他解释。

听到她为她在工作上犯的错误真心诚意地道歉,他紧锁的眉头稍稍松了些,对她说话的语气却仍然沉重:"你应该有这

点常识和觉悟，厂里的资金不是任何个人的，而是国有资产，谁也没权私自动用。你的做法的性质是非常严重的。"

他看到她眼里顿时有泪水涌了上来，但是她竭力忍住。"现在钱已经在账上，假设的风险不会再出现了，可能的话，请公司不要再费时间精力调查，况且这件事扩散出去，对公司的形象没有益处。是我的工作出问题，我愿意承担全部责任，如果有必要，你可以做出开除我的决定，不然今后其他人犯错，公司难以处置。"

他怔在那里。他以为她要求单独见他，是有隐情要单独向他汇报，但她是来向他独自揽下责任的。她唯一的条件，是请他无论如何不要认为她在中间得到了报酬，因为她在乎自己在众人尤其是他心目中的声誉。这完全出乎他的意料，他再次召集许钢、章斌、严宏和季平开了个短会。

严宏在会后找了董瑜："李总认为，如果公司开除你，一定会影响你今后的职业生涯。他建议你以私人原因主动向公司提出辞职。"

她艰难地点点头，眼里浮起泪光，对严宏道："请你替我谢谢李总的宽容。"

接下来的一两个星期许钢虽忙，也留意到公司里人们诡谲地议论着什么。他的车被送去保养时，李杨的司机小马捎带接送他上下班。趁李杨到家下车后只有小马在车上，许钢婉转地问小马听到公司里最近都有些什么传闻。小马告诉他，近日见不到董瑜，公司又没什么说法，而电子厂又重新开始招聘财务经理，大家众说纷纭，猜测不少，传得最多的就是董瑜因为挪用公款，被公司追究处分并被开除了。

人言可畏。许钢心里的内疚又增加了一些，便问小马："你相信吗？"

小马机灵地从后视镜里看了许钢一眼："李总说董副经理辞职是私人原因。我信李总。"

十三

当许钢和董瑜面对面坐在一家咖啡店最里面的座位上时，他握起她的手。公司虽明确了她是因私人原因辞职，但风言风语似乎还未平息，甚至李桦也曾经问过许钢，他到底还知道些什么。

"董瑜，你为我做出的牺牲太大了，谢谢你。"她没有在第一时间拿出他给她的字条，他就知道，她准备独自背这个黑锅了。当时他搏的一是资金按时安全还回，二就是她是那种为了感情不顾一切的人，其实他对前者更有把握，没想到面前的这个女孩真的会因为一片痴情而放弃一份相当不错的工作。

他想让她知道，他对她的牺牲是感激的，至少他说出的感谢的话会对她有些许安慰，他期待她会被他的诚恳感动。

她抽回手，没什么表情地看了他一眼，然后转头看向窗外。

年轻的情侣们双双对对从窗外走过。她转回脸看着他道："年轻真的很美好，只是人在年轻时往往太天真。"

他有些心虚，她不会这么快就觉悟，认为为他担当责任的决定是因为年轻幼稚吧？他脑子里飞快闪过一丝担心，她是否会反悔？他暗暗希望自己的担心是多余的。

他俯身向前靠近她，看着她道："对不起，事情发生后我没有站出来。但是，以我目前的力量出面，也许非但不能保护你，反倒把事情搞僵。相信我，不会过太久，我就可以自由了。你暂时忍耐一下，在家休息一下也好。经济上我会补

偿你的。你为我做的一切,会为我们两人都带来意想不到的回报。"

中浩公司总经理的职务是有潜在的巨大威力的,许钢早就开始秘密地编织自己的网络。这一次,在各项缺一不可的条件同时具备的前提下,他做成一单看似不可能的生意,几十万元的盈利顺利实现。如果不是为了保全自己和董瑜,那舍出去的五万元都应该是他的利润中的一部分。

对他的这番话,她竟然无动于衷。沉默了一会儿,她才说:"你不用觉得欠我什么,既然我一个人顶得下来,就不要再搭上你吧。我知道你有更重要的事要做。"

她的话让他有些感动,却一时语塞。她继续说道:"其实,你不用为我担心,因为没有这件事,我也要走了。我能用最后的机会为你做点事,是你的运气。"

"你要去哪里?"他紧张起来。他原先只是希望她找到更好的工作。

"去一个新的世界,地球的另一半。"她看着他的眼睛红了,并且开始闪出泪光。

他恍然大悟,原来他完全错了,他再一次低估了她。他只将她当成一个痴痴迷恋他的矜持的小女人,而在三个人的关系中,她不肯对他妥协,无非是为了胁迫他给她一个名分,他甚至以为,她帮他只是为了让他感恩,期待他因感念她的好处而放弃李桦。事实上她对他并无所求,因为她预先已安排了离开。只是,本来她可以光明磊落地退场,却为他选择了冒险,代价是背上徇私渎职的罪名,名誉不保。

他觉得自己俗不可耐。即使给过董瑜他早晚会自由这样模棱两可的许诺,他从来没有真的想摆脱李桦,至少不是目前。一个人的奋斗艰难孤独,他需要为他分忧的人,他没有选错,

眼前这个小女人，懂得他的心思，她帮他，与他共同进退。假如可以抛开纷扰的俗事，他情感的寄托只会是她，他爱慕她。

他将她的手握起来，贴在脸上："我母亲是个老式的人，我上次回去看她，她仔细观察了我的气色，说我近来有贵人相助，我相信她说的人是你。"而她说一切都是天意。

她真的是要离开了。从她说她的男朋友在澳大利亚那天起，他便开始耿耿于怀。她是要去赴他的约了。他忽然就想象眼前真的有一个弓箭手的剪影，正拉满弓，将一支箭飞射出去。那样想着，他的眼泪就流了下来。"还说我爱哭。"她想笑他，自己却也已经泪流满面。

那晚他将董瑜送到她父母家楼下的楼梯口。出国前她为了多和父母相处些时间，搬回去和他们住在一起。许钢每隔几天下班后，都会去看她。她像变了个人似的，客套地为他端茶削水果。他走时，她并不下楼，只是站在家门口目送他离开。他很想在她离开前再拥抱她一次，她却再没给他机会。她走那天，他正在外地出差，没能到机场送行，只有他自己知道那种心酸失落的感觉。

董瑜离开后一段时间，他在电邮里收到了她发给他的照片，看日期是她走前几天照的。她说过，做摄影师的朋友要帮她拍一些用上海风景做背景的纪念照片。每张照片都是他们曾经一起走过的地方，但只有她一个人的身影。他久久地注视那些照片，尽管她脸上妆化得很柔美，他却透过遮瑕霜，看出了她的眼睛有哭泣失眠之后的肿胀，她的眼中也布满了血丝，令他的心隐隐作痛。他选了几张照片洗印了出来，夹在抽屉里的一本书里，每次他有意无意地翻开那本书，关于她的记忆总是被这些照片牵出来。

第 二 章

一

推着行李走出机场禁区大门的瞬间,董瑜一眼发现了人群中的高翊。几乎同时,高翊也看见了她。

他们微笑着走到对方面前,紧紧地拥抱在一起。

"终于等到你了。"高翊在她耳边轻轻地说道。

"你还是原来的样子。"她抓住他的双臂。

"你比以前漂亮了。"他仔细地看了看她,"先到家里再说吧。"

她曾掰着手指算过,从1989年初高翊出国,到现在1995年的3月,他们已分隔了6年有余。这些年里,他们从没有直接对对方说过想念,但是久别后的重逢使他们突然放下矜持,和热恋中的情侣一样忘乎所以地在机场大厅拥吻。

走出机场大楼,董瑜抬头深深地呼吸了几次。天空蓝得纯净清澈,树叶绿得发亮,空气中几乎没有灰尘,眼中见到的任何东西都异常逼真。她不由得告诉高翊她的感觉。高翊笑了:"十个小时的飞行会带来很多的不同。这算第一个好了。"

"应该是第二个。"

高翊立即明白了她的意思:"你的思路还是那么快。"

"只有你跟得上。"她这样说着,却一下想起许钢。他也是一个能瞬间明白她那些意味深长的话的人。

高翙的住处在市中心一幢十几层高的公寓楼的三楼。

这是一个除了浴室什么都在一个空间的单身公寓。

一进门，董瑜觉得眼前一片敞亮，正对门的是一排通阳台的落地玻璃门窗。占了左面差不多整面墙的是组合在一起的写字台、衣橱和电视柜，对面靠墙放着一张床和一个矮柜。她将眼光收回，看向门边的厨房。厨房和房间中间并没有墙，只靠一张安有水池和灶具、放着台微波炉的料理台分隔。除此之外，屋内几乎没有其他多余的东西了。

"地方有点小，你先坐。"高翙放下行李，走到灶前忙着烧水。料理台的一边有两张高高的酒吧凳，董瑜在其中一张上坐下，再次打量了一下房间四周。

浅黄色的墙壁，褐色的地毯，草绿色和棕黄色条纹的窗帘，衬着白色的家具，精简整洁，她微微一笑，对正忙着的高翙说："你总是弄得很雅致。"

"这不是你最欣赏我的地方吗？"他会心地看着她。

高翙下好馄饨，盛在瓷碗里，端到董瑜面前，将另一张凳子拖近她坐下，在边上看着她吃。

她转过脸看他，他不由得伸出手轻轻抚摸她的头发，凑过去将她手上调羹里的半个馄饨吃掉。刚刚在机场的一吻，让他们的关系一下子超越了同学少年的友情，成为恋人，举止也变得亲密起来。

"我父母要我转告你，谢谢你走前特地去看望他们。"高翙想起他母亲在电话里再三关照他董瑜是个各方面都不错的女孩，让他不要错过。

"他们看起来很好，只是很想你。"她只见过高翙的父母几面，对两位老人的慈眉善目印象深刻，看得出，他们对她成为儿媳颇为期待。

"一夜在飞机上没睡好,你还这么精神。洗个澡睡一觉吧。"看她吃完,他取过碗放到水池里,将她引进浴室。她一直知道他是细心体贴的那类男人。

她穿着他为她准备的散发着阳光气息的干净汗衫,在床上躺下,他为她盖上一条薄被。她躺在那里回味着在机场见面的情景,笑容不由自主地在脸上展现。飞行的疲劳让她没多久就睡着了。

她醒来时,高翊正坐在床边看书。她一动,他便转身,伸手轻抚她的脸:"你睡觉的姿势像一只猫。"她笑了,他俯身轻轻地吻了吻她。

在高翊的臂弯里,她和他握着手温柔对视,这些年的不确定烟消云散,他们早该明说的啊。她想到了许钢,是因为高翊先占领了她心里的位置,遇到许钢,她才会退缩?还是许钢和李桦的关系阻止了她和许钢更深地亲近?此时的她已不再想弄明白,她只知道那天当许钢试探着问她他是否可以不为资金的事出面时,她的心受到重重一击,那时,她甚至将他与田雨禾和孙志英归入一类。

她用力眨了眨眼,让思绪回到眼前。有高翊在,她不觉得是到了陌生的异国,倒有在外多年后回到久违的家的感觉。她开始觉得和许钢之间的一切有些荒唐,和他靠近,大概是因为自己和高翊分别太久,而且那时他们的关系尚未明确。

"你怎么打算?"他们握住双手紧挨着坐在沙发上,她问他。他当然清楚她指的是接下来他们如何相处。她来之前,问过高翊澳洲租房的情况,她是想知道需要做什么准备。高翊却只安排了去机场接她的时间,似乎有意回避她问的关于房子的问题。

她记得在他去北京之前的暑假,他们约了一起去看电影。

那年他们刚满十八岁。在电影院里，他们本应该牵了手的，但是从电影开场到结束，他们两人坐在那里谁也没有动。电影散场后，他们就沿着电影院对面公园的围墙，在树荫下慢慢地走，直到他将她送到家，他们还是什么也没说出来。之后，他们就开始了两地书信往来。假期里他回上海，三天两头地和她见面，有时还会约上别的同学一起出去。所有人都当他们是一对，只有他们自己，还是从来不曾挑明过关系。

高翊松开董瑜的手，沉默了片刻，缓缓开口道："澳洲房租很高，我们没必要付两个地方的房租。先合租这间房，好吗？"

但是他这里只有一张床。她沉默着没有回答他的问题。

高翊告诉她他以前是和一个老同学合租一套旧的普通单元房，前段时间租约期满时，那同学交了女朋友，搬去和女朋友同居了。高翊说董瑜一定不会喜欢旧房子里脏兮兮、即使再洗刷看上去还是不干净的厨房和浴室，便退了房，搬到这幢楼里，房间虽小了许多，却是新楼，交通也方便了许多，这样平衡下来房租也差不多。他打算等她来后，他们就合租房子。目前每周二百八十澳元的租金，如果两人合租、各人只需付一半的话，便一点也不贵了，其他像电费、电话费这些，两人和一人住用度差不了多少，分摊一下大家可以省不少钱。他列出的生活开支数目比她的预计要低。

这是他们认识以来，第一次无可避免地谈两人的关系，又无可避免地谈钱。住在一起的话，如果按高翊提议的AA制，就天天需要这样计算分摊开支，她感觉自己会觉得尴尬。不过事先说清楚，总比事后计较好。

那时，她听出了一点，高翊的经济状况很一般，而环境已经迫使他变得现实。她很难向他解释，国内的情况和他出国的

时候已大大不同,她怕自己语气不够注意会伤害他的自尊心。在经济方面,她早已有安排,但是她没有向高翊透露自己的经济状况。

见她犹豫,高翊向她解释道:"你不用顾虑很多,在这里同居关系是合法的。"

她才意识到他是以为她顾虑这层。她不是没想过他们结婚的结局。和高翊认识多年,他们见到对方总会情不自禁地微笑,温和地交谈,争吵在于他们是件不可能的事,他们之间一直充满温情。在双方父母那里,他们以同学身份出现,但她相信四位老人对他们展开关系全都是称心满意的。但是她真的会和他结婚吗?她却不能肯定。

她不争气地又想起许钢来。新年午餐会那天,他们四目相接的刹那迸发出的火花,还有他们单独相处时的那种感觉,是她和高翊之间从未有过的。从某个时刻起,她和许钢开始深切地关注对方,他们不是情人,却远比普通朋友亲密。只是,许钢没有可能否定李桦的地位,她也无法忽略高翊的存在。遗憾的是,那种感觉再奇妙,她也只能当作一时的意乱情迷,必须让它流于平常。

她想起父母的叮嘱,到了人生地不熟的任何地方,不比在家,每一步跨出去前,一定看好后一步该怎么走。

"我想我还是先自己住吧。"她决定先观察一下情况再做决定。

"好的,听你的。"高翊是有两手准备的,提出合租,更多的是为经济考虑,于两人的关系,似乎过于仓促,董瑜不同意,他也不是没有意料到。

二

高翊完成工商管理的硕士学位课程后,在市郊一间小型的贸易公司打了两年工。这第一份正式工作的工资不高,他只买得起一辆丰田掀背式旧车用来上下班。不过这样的工作,他也做得蛮踏实,他想先积累点经验再说。

高翊帮着董瑜租下单卧室住房,离他的住处只隔几条街。三层高的红砖楼虽老旧,屋里却因新刷的油漆显得洁净明亮。

安顿好后,高翊认真地告诉董瑜,在澳洲他们应该以英文名字相称:"从现在起,你是莉莎,我是麦克,"又催她,"你可以开始找工作了。"

他帮着她写了求职信,又替她修改了简历:"现在这样才符合澳洲习惯。"

在寄出十份应聘信后,董瑜接到了三家公司的面试通知。"简直不敢相信!"她事先做好屡试屡败的准备,暗自决心百折不挠。

和前两家有两三个人参与面试不同,市中心一家房产公司接待她的只有一个叫安东尼的财务经理。那是个看上去三十多岁、中等个子、身材匀称的俊朗男人,他线条清晰的脸上,有着一双异常深邃的眼睛,一看便知精明过人。

他将她的简历拿起来又轻轻放回桌上,并没有问那些惯常的问题。

"我注意到你在海外的资历颇高,但我们公司这次提供的职位是初级的会计文员,还要兼做些部门内的杂务,付的会是最低的工资,这些你能够接受吗?"他直截了当。

走进这里之前,她并没有想过工资多少的事,只是这样的

职位和她期待的有落差,她犹豫了一下,便说自己需要时间考虑一下再答复。

安东尼用手中的笔在她的简历上写了几个字,站起来将手伸给她:"好,我给你一点时间。希望再次见到你。"

当晚高翊一回家,董瑜就和他说了这事,高翊立即劝她接受这份工作。

"你初来澳洲,没有当地学历和经验,是很难找到合适的工作的。这是家大公司,能给你面试的机会就很不错了,你还挑剔?"他有点为她的不知深浅生气。

见她后悔不迭的神情,他的口气立刻又软下来:"我相信,他们是怕现在多数资历浅的人不负责任,而你的工作经历说明你是个严谨负责的人。不要忘记,这是资本主义社会,他们不愿付太多钱在这个位子上,又真想要一个好的员工,像你这样的人最理想,你应该抓住机会。"

她欣然点头。但是高翊又有点担心起来:"你今天那样说,人家或许会以为你不是很有诚意,你最好打个电话去,明确告诉他们,你非常想要得到这份工作。"

她想高翊说得没错。第二天上午她正考虑着在电话中如何措辞才妥当,安东尼出乎意料地给她来了电话,说在几个申请人之间做选择前,他想先知道一下她的想法。

"我非常希望得到这份工作。"她按捺住迫切的心情有些紧张地说道。

"很好。"他说话简短扼要。

董瑜还有些在云里雾里的感觉,便成了朝九晚五的办公室小职员莉莎董。除了填表,她几乎不再提起瑜这个名。

上班的第一天,她刚在安东尼指给她的位子上坐下不久,安东尼就拿了张清单过来,放在她面前,在她桌子的一角坐

下,开始解释清单上那一条条抽象的工作职责具体应该怎么做。她请他先停一下,从包里拿出本笔记本。

他转过脸看了她一眼:"不错,我喜欢有准备的人。"

她飞快地用缩略的词语做些简单的记录。

安东尼特意放慢些语速,看她逐一记下他的指示。

"就这些了吗?"听他停下来,她抬眼看着他。

也许是她过于认真的神情让他感到了她的紧张,他站起来说道:"对,暂时就是这些。本来应该由你的主管黛安来教你,但是今天她要赶做一份报表,你就由我来带了。莉莎,跟我到茶水室来,我教你在做咖啡时怎么帮我带一杯。"

安东尼先替她做了杯咖啡。

董瑜啜了口散发着浓香的咖啡,稍稍松了口气。看来这个上司属于容易相处的一类人,她想。

安东尼端起他自己面前小巧的白色瓷杯时,董瑜的眼光在他修长的手指和精心修剪的指甲上多停留了一瞬,又抬眼看了看他刮得发青的胡茬儿。

"以后如果我请你带一杯咖啡,记得我只喝双份的浓缩黑咖啡。"他那双浅褐色的眼睛温和地看着她。她点了点头。

"档案号,物业号,项目,数额,支付方式,付款状况……"他们回到她桌前,他读一项,她便在屏幕上将光标移到那一栏上,将手上表格中的数据输入计算机。

"好极了,我不敢相信你是第一天在这里接受培训,"一个小时后,他从她旁边的椅子上站起身,"下午我带你到几个银行去一下,都在公司附近。我相信明天开始,你就可以自己做事了。有任何不明白的地方,直接问黛安或者我。"

早上刚上班时,安东尼已经向同一部门的同事介绍了她,众人也各自报了自己的名字。她记得黛安是其中笑得最灿烂的

唯一亚洲长相的三十多岁的女子。

一起吃晚饭时，董瑜得意地将安东尼的话告诉高翙，高翙却一脸不以为然。

"以后你会听到更多言不由衷的赞美，说声谢谢就好，不用全部当真。倒是有一点，你这么快找到工作真的出乎我的意料。不过，国内的学历在这里没用，你应该有这里的证书，不能一直靠运气。"

高翙的话有道理，接受当地教育不管对眼前的工作还是将来另找工作都会有好处，她便问他应该怎么做。

高翙打电话让职业学校寄了报名表来，帮着她填好了初级会计课程的申请。她选了晚上上课，这样不影响上班，只是白天上班加上每周三个晚上的课让她有些疲劳。

在公司做了半年后，董瑜得到了一次小小的加薪，她想那应该是由安东尼向老板提议的，因为黛安除了在人前总是做出亲热的样子，单独和她说话时，却并不友好。

早茶时间，她到公司对面的甜点店买来蛋糕，请了安东尼到茶水间。

"谢谢你。"她将装了一片蛋糕的碟子放到他面前。

他边反过来谢她，边欠身在她脸颊上吻了一下，在公司一段时间下来，她对同事间的这个动作已经习以为常。

恰在这时，黛安走了进来，见到桌上的蛋糕，便笑道："莉莎，没我的份吗？"

董瑜忙将自己的一份递给黛安，她却不接："开个玩笑而已，我正在节食减肥。"她给自己做了杯咖啡，便走出去了。

在职业学院读了一个学年后，董瑜拿到了一份初级会计文员的证书，她颇开心地拿给安东尼看了，还让他看了她全优的成绩单。

"干得不错!"他赞了她,说会替她向老板申请高一级的职位。不久黛安就将自己手上的一部分工作交给了董瑜。

下班前,她走到安东尼的桌前。"什么时间有空?我加薪了,我想请你喝一杯。"听惯了同事用请人喝一杯来表示感谢,她自然而然地想到也应该这样请安东尼。

"周五下午怎么样?"他也不推脱。

"说好了,周五下班。"

升职加薪这样的喜事她等不及见面再告诉高翊,第一时间在电话里向他报喜,从一旁走过的黛安给了她一个意味深长的眼神。

一见到高翊,董瑜就说要继续读高一级证书的课程。

高翊得意地看着她:"听我的话不会错吧?"

隔了些天,董瑜却发现高翊的情绪有些低落。

她有些担心地问他怎么回事。他便告诉她,他在公司里勤勤恳恳干了几年,薪水却不合常理地一直没动,见董瑜在短短的时间里工资得到两次提升,他考虑良久,鼓足勇气向老板提出加薪的要求,结果出乎意料地被拒绝了。

董瑜思忖了一下,说道:"坦率地说,我觉得他不同意加薪有几种可能:一是他认为目前的薪酬对于你的职位已经足够;二是他认准了不加薪你也不会离开;三是最坏的一种,就是他用拒绝加薪给你一个请便的信号。"

"你的分析冷酷无情但千真万确。"高翊点头称是。

高翊的新工作薪水只比原先略高一点,路程却近了一半。这件令他开心的事刚发生,又到了他的三十岁生日。

"双喜临门,该好好庆祝一下。"听董瑜这么说,高翊决定周日邀几个朋友到家里烧烤。

董瑜在澳洲没什么朋友,高翊请来的全是他读书时的同

学。董瑜见过罗尼和凯丽,她刚到澳洲时,高翊请她到唐人街饮早茶当是接风,四个人遇到后坐到一张桌子上。另外一对已结了婚的吉米和梅,她还是第一次见到。

罗尼高大结实,皮肤黝黑。初次见他后,董瑜悄悄问过高翊,罗尼是不是太平洋岛国原住民。高翊不禁笑出声来,告诉她罗尼是中国广东人,从上两代起就在澳洲,罗尼的皮肤是户外运动时强烈的日晒留下的痕迹,这古铜色的肌肤是性感的象征。

"他做什么工作?"董瑜又问。

"罗尼没有固定工作,他有一辆小货车,随时等电话替人送点小件的货物,没事时就到海滩冲浪。"

董瑜有点困惑,一个大学毕业生,竟然不好好找份工作做。高翊笑道:"你在澳洲时间久了,就会知道,这里的生活比较随意,人生不必全是一个模式,罗尼这样也是一种生活方式,他只是追求自己的理想,不想要太多约束。"

高翊预先在楼下的壁球室登记了打球的时间,约了罗尼他们下午过来打壁球。人到齐后,一群人便去了壁球室,只有凯丽留在厨房,和董瑜一起准备烧烤的材料。

董瑜曾经以为凯丽是罗尼的女朋友,高翊却说他们只是朋友。

"你在国内时就认识麦克吗?"凯丽健谈,一边切菜一边开始问董瑜。

"我们中学时同学六年。"董瑜照实告诉她。

"那你们以前就好了?"

董瑜猜凯丽口中所谓的"好了"应该指成为男女朋友这种关系,便含糊地答道:"我们一直是很好的朋友。"

"这里追高翊的女孩不少,他一直说已经有女朋友了,看

来他很喜欢你。"

凯丽这样一说，董瑜心里便因和许钢的那些事有点愧疚。

凯丽将用来烧烤的材料装在一个大纸盒里，从厨房搬到顶楼的露台。纸盒是高翊在蔬果市场向伙计要的，说大家吃完后，可以将垃圾袋连盒子拿到垃圾房去，而不至于弄脏楼顶和公共走廊的地毯。

"你看，麦克总是在事前将什么都计划好，心又那么细。"凯丽对高翊印象很好。

吉米和梅先从壁球室回来，拿上带来的毛巾和换洗衣服，在浴室冲了淋浴。高翊和罗尼是带了运动包去的壁球室，在那里冲完淋浴才一起回来。

大家齐聚在露台上，开始烧烤起食物来，很快，空气中便飘散着诱人的香味。

暮色渐渐降临，夕阳在灰蓝的天空里泛着橘红色的光芒，在四月天迷人的景色里，傍晚微凉的风轻轻吹拂着，更令人赏心悦目。

当高翊将斟了南澳红酒的酒杯递到董瑜手上时，她微闭双眼陶醉地闻着酒香。蓦然，许钢的容颜清晰地在她脑中浮现。她将目光投向露台外淡淡暮色中鳞次栉比的屋顶，心思浮动。

罗尼开了头，大家齐声为高翊唱起了生日歌。高翊先和罗尼干了一口酒，又和大家一一碰了杯。

罗尼的烧烤动作娴熟，又有凯丽在边上帮忙，其他人倒插不上手，干脆在一边吃喝聊天。董瑜注意到，凯丽特别在意罗尼，怕他顾不到自己，常将刚烤熟的食物夹到他的盘子里，而罗尼似乎并不领她的情，倒对董瑜特别照顾，专挑烤得恰到好处的肉夹给她。

这天晚上罗尼喝多了些，高翊怕他开车不安全，留他在家

过夜，吉米和梅便载了董瑜和凯丽，尽兴而归。

三

白天工作，晚上读书做功课，周末清洁家居，董瑜的日常生活与在国内时没有什么不同之处，唯一的区别，就是现在的周末总是有高翊陪伴，除了一起购物吃饭，偶尔看看电影，他们还会开车去郊游野餐。日子就这么一天天地过去。

周末前的周五下午，办公室的人们都有些兴奋。董瑜在安东尼的办公室谈完事，正要离开，安东尼叫住了她："莉莎，下班后有打算吗？"

"没计划，直接回家。"她不知道他是不是随口一问，照实回答。"今天是周五，该找点乐趣，我们一起吃晚餐怎么样？"安东尼很久前就离了婚，她想，单身汉邀个伴一起过周末很正常。

"我会和我男朋友一起在我家里做晚饭。"她坦率地告诉他。

"对不起，我不知道你有男朋友，"安东尼有点失望，"我期待了很久，想请你到我家里吃我亲手做的晚餐。"

她用遗憾的神情看着他："谢谢你，安东尼。我猜你是个很好的厨师。"

他走上前在她脸颊上亲了一下："我希望你快乐。但是如果你和男朋友分手，别忘记还有我。"

这一幕被正走进来的黛安看在眼里。

同是会计部的职员，三十多岁的黛安吕和莉莎董是公司里仅有的两个来自中国的职员。董瑜进公司时，黛安已经在那里干了三年。全部门的人聚在安东尼的办公室欢迎董瑜加入时，

黛安表现得有些雀跃。但她在同事们面前过于照顾自己的举动，却让董瑜感到不自在，没有旁人时从黛安看她的眼神中，她依稀感觉到一股凛冽的寒气。

快下班时，董瑜桌上的内线电话响了起来。她接起电话。

"甜心，今天你自己到酒店，我先去接一下我的女儿，把她送到我母亲家。我太太今天感冒了。"董瑜听出那是总经理罗比的嗓音，心里不由得一惊。对于罗比，那个见了漂亮点的女职员便会挤眉弄眼的中年男人，董瑜有说不出的厌恶。罗比的太太艾琳是个单纯本分的中年妇女，偶尔会到公司来，每次经过董瑜的办公桌，都会和她打招呼。

意外接到罗比拨错的电话，董瑜有点不知所措。

"抱歉，我是莉莎。"她一出声，罗比立刻知道自己拨错了内线号码，反应极快地说了声"打错了"，立刻挂了电话。

瞬间，董瑜便明白了安东尼对黛安不把他放在眼里无可奈何的缘由。之前看到黛安和罗比眉来眼去，她以为那只是男女同事间的暧昧。

周一早上，董瑜到办公室刚坐下，黛安也紧跟着走了进来。

"早！"对董瑜出于礼貌的问候，黛安并没有和往常一样回应，只是用阴沉的眼光看了看她，扭头就在自己桌前坐下。

"莉莎，我有件礼物要送你。"下班前，黛安叫住了董瑜。

董瑜有些忐忑，黛安并没有理由送礼物给她。从黛安手上接过一个小纸袋时，董瑜看见了她眼里的戾气。

"快看看喜欢吗？"黛安看着她的神态有些狰狞。

纸袋里竟然是一小瓶李斯特林的漱口水和一个蓝色的纸口罩。

董瑜打了个寒战，是接起罗比匆忙中打错的电话为自己惹

了祸。她心里清楚，黛安是在警告她。

她大可不必紧张，自己和罗比的太太除了客套地打招呼从未交谈，自己也不喜欢搬弄是非，不会在同事中八卦。董瑜这样想着，却只回了句"有意思"。

黛安瞪了她一眼便下班走了，第二天，却又像什么也没发生似的，照样学着公司里其他人，对着董瑜一口一个亲爱的。

圣诞节前夕，董瑜跟高翊去了他公司的圣诞派对。轮到自己公司老板请全体员工和他们的伴侣参加晚餐派对，她自然也带上高翊。

见到安东尼向他们走来，董瑜大方地将高翊介绍给他。安东尼和高翊握了手互相问好。

高翊去为董瑜买饮料时，安东尼开玩笑地对她道："我知道你的男朋友是什么样的了，他很英俊，但我对最后的胜利更有自信，我会让你迷恋我的，你会为有我这样的一个意大利情人而骄傲。"

不知道为什么，董瑜只是微微一笑，并没有因为安东尼的这番厚脸皮的话生气。

过了圣诞节不久的一天中午，安东尼约董瑜到公司附近一家餐厅吃午餐，他郑重其事的表情让她无法拒绝。

他选了最靠里的位置，那样不会被走来走去的顾客或侍应们打扰太多，而且他坚持由他付钱。

吃罢三明治，喝着咖啡时，他第一次对董瑜谈起了他的家事。原来安东尼刚继承了他父亲的遗产，那是一栋海边的花园别墅。

董瑜故意做出恍然大悟的样子："难怪请我吃饭。"

安东尼也笑了起来，不过马上又换了一本正经的神情说下去："我的父母从意大利移民到澳洲时，一无所有。他们先

在郊区的农场种甘蔗，后来在市区的蔬果市场租了一个摊位，最后买下属于自己的农场店铺，一直做到老得做不动。他们积累了不少财富，那栋别墅就是他们一生置下的三个物业中的一个。"

董瑜由衷地说道："他们一定很不容易。"

"是的。可惜我母亲几年前就病故了，父亲在几个月前刚刚过世。我和我的哥哥姐姐各分得一栋房子，我已经搬到那栋房子去住了。我刚卖出了自己靠贷款供了一半的小单元房，手上有了一笔现钱，所以我决定辞职去欧洲游历一段时间再回澳洲。"

她想起几个月前他曾请了两个星期的假。

"你和你的男朋友过得好吗？将来你们会结婚还是分手？"安东尼再次问道，他明知道这是个无法预知的问题。

"至少现在我还没想过，对不起。"她摇头。

他的眼神有些黯淡，耸了耸肩道："好吧。"

安东尼在公司上班的最后一天，公司的全体员工在下午茶时间和他道别。

会议室里充满告别的气氛，温馨却又伤感。安东尼对众人重复了许多遍道谢和告别的话后，端了两个装了蛋糕的纸碟走到董瑜面前，她一直在人群里微笑着看着他。他递了一个碟子给她，自己坐在她的桌上吃他那份。

"放松，莉莎，我走后你自己照顾自己，向我保证好吗？我会想你，如果你需要我，给我一个电邮，我会马上回到澳洲。你不让我取代你的男朋友，我暂时什么也做不了，只能为实现我多年的梦想独自去旅行。"

安东尼站起来给了她一个大大的拥抱，分开时，他情不自禁地在她唇上吻了一下，董瑜的心不禁咚地猛跳了一下，她的

眼竟然是热热的。

每到一处，安东尼便寄有当地标志风景的明信片。她发现自己有了私心，她从没向高翙说过，安东尼离开公司后，即使远在欧洲，还是和她保持着联系。只是，她并没有为安东尼改变自己的日常，同样，安东尼也仍按他的理想筹划着自己的生活。

四

董瑜没有料到，黛安接替安东尼做了部门经理后，对自己的态度由当面一套、背后一套的双面人直接变为步步紧逼，连本来和她没什么直接关系、偶尔还赞上她几句的罗比，也开始莫名其妙地找她的碴。

"这里有一些搞乱合同号的费用单据，你能否在本周内清理出来，对上正确的合同号，找到该承担这些费用的委托人？"周五午餐前，黛安拿给董瑜一叠单据。

黛安是在没有时间再拖拉的情况下，将她自己没有处理的一摊事踢给了董瑜。

董瑜看了一眼手头上原来就需要正常处理的账单，又掂了掂这叠额外的单据，问道："黛安，如果这周需要做完这些，我今天加个班吧。"

"你可以晚走，但是我不会在加班费的单据上签字，我认为在周五下午五点下班前，你应该做得完。"黛安坐在椅子上来回转了几下，脸上带着有些狰狞的表情看着她。

黛安在刁难自己。与其在这里徒劳地说理，不如开始尽早开始做事。董瑜一言不发地坐回自己的桌前。

下午五点钟，罗比提着皮包在董瑜的桌前走过时停下脚

步：“莉莎，你从中国来时间不长，想多挣点钱，这我能理解，但是靠故意拖延工作挣加班费就不好了。”

董瑜惊讶地抬脸望着罗比，她咬了咬嘴唇，一时竟无法辩解。

罗比用手指轻轻敲了几下隔壁黛安的桌子，甩了甩头。

黛安心领神会，提了外衣和包起身，和罗比一起走了出去。

周五的晚上，董瑜独自在空荡荡的办公室往计算机里输入着一串串数据，替黛安补她欠着不做的事。公司里会有这样那样的勾心斗角，而黛安竟用如此低级的黑白颠倒，在罗比面前抹黑自己的同胞，她的心里时而委屈，时而愤怒。

尽管董瑜使出全力想摆脱这种局面，黛安却似乎铆上了她。董瑜着实想不到，即使无中生有，黛安都会搞出点事情来，而公司的同事却还一直认为黛安是照顾莉莎的好上司。

年轻女孩安妮新近被公司录取了。

对进公司不久的安妮，黛安不用像对董瑜那样当别人的面戴上面具装样，她只是直接粗暴地欺负安妮。

一天安妮突然从座位上跳起来，大声问道："黛安，你还没有打印报告吧？"

"怎么了？"黛安看着安妮。

"我有一笔账输入错了，我现在改，你等我一下再打印。"安妮老老实实地告诉黛安。

黛安斜了安妮一眼，快速地按了几下键，打印机瞬间启动，哗哗地打印出一大叠报告。黛安走到打印机前，拿起那叠报告便朝罗比的办公室走。

安妮目瞪口呆地看着黛安的背影，狠狠地骂了句什么。

黛安走回桌边时，安妮一下跨到她面前："为什么？我都

已经叫你等等了。"

"你说得太晚了,我已经审完了按了打印键。"

"那你为什么明知是错的还拿给罗比?我简直不敢相信你会那样做。你就是存心的,你这个恶魔。"

罗比从办公室走出来:"为什么这么吵闹?"

黛安抢先告诉罗比,刚拿给他的那些报告需要作废,因为安妮输入有误。

安妮对罗比有些顾忌,轻轻对他说了声"抱歉",正想解释,罗比用严厉的眼神看着她:"做错事还如此大声?黛安是你的经理,有资格批评你。这事到此为止,回去做事,我不追究了。"

董瑜将这些看在眼里,不免有点为安妮担心,对于安妮大胆的指责,黛安无论如何都不会善罢甘休的。

果然,翌日黛安手上拿着几张支票示意安妮过去:"今天刚收到的支票,你今天务必存进银行,金额巨大,一天的利息都很可观。"

安妮认真地将支票接了过去,收拾了一下桌子就去了银行。

当她将公交车钥匙递给黛安时,黛安问道:"那些钱,你是存到特别贷款账户了吗?"

安妮愣了愣:"你没说哪个账户,我就存普通往来账户了。"

黛安一下子从座位上站起来:"这么大金额,你难道不会用你的脑子想一想,或者问我一下?"

原来那笔钱是用来额外偿还一笔大额贷款的本金的。由于入错账户,理论上银行要花三个工作日转账,那样的确会产生利息损失。

黛安决定从安妮的薪水里扣除计算出的利息损失,安妮却

坚持错在黛安,因为特殊的事她没有特别交代,要扣也该扣黛安的钱,便跑到罗比那里要他裁决。

罗比办公室的玻璃门开着,黛安和董瑜都听得到,罗比说黛安的决定没错。

安妮气冲冲地回到自己桌前。

黛安得意地一笑,语带双关地对董瑜说:"想告我的状,最好先看看自己是谁。"

安妮无奈地决定离开公司。

交了辞职信那天,安妮约董瑜在大楼底层的快餐店一起吃午餐。

"她简直是疯子,"安妮咬牙切齿地说,"我打赌她一定也会那样对付你的,你要坚强点。"

董瑜伸过手感激地握了握安妮的手:"谢谢你。"

她看着安妮,心想,这个女孩太年轻了,如果有我一半的道行,也不至于要走,毕竟公司也不是黛安和罗比的。

不过她想如果自己处在安妮的位置,面对如此直接粗暴的欺凌,或许也会立刻离开。

"祝你好运。"她在心里默默地祝福安妮。

而来自黛安的那些阴损的困扰越来越频繁,董瑜觉得不胜其烦,她开始看报纸试着给几家招聘人的公司发自己的履历表,也悄悄去面试了几次,不是她对对方的条件不甚满意,就是对方没有录用她。她想只要不到忍无可忍的地步,暂时这样熬着,自己再加紧点,一找到合适的工作就辞职。

高翊在新的公司里也并不开心。他们将在一起吃饭的时间专门用来互相诉说最近发生的事情。

"我们只是打工而已,看在钱的分上,得过且过吧。"他往往在最后加一句。

"你和过去不一样了。"董瑜也常审视着他对他说同一句话。

"在澳洲过得再久些,你也会变的。"高翊知道按董瑜的个性,对他做这样的评价已经退了一步,很显然,她内心不屑他在现实面前妥协的态度,而他自己,虽心有不甘却也无可奈何。

就在这时候,董瑜收到了许钢的信。他告诉她,他已办妥到澳洲经商的手续,申请到了属于商务性质的签证。这之前,他们的联系仅限于在新年的时候互寄卡片问声好。从小赵夹在新年卡里给她的信中,她知道许钢和李桦办了结婚仪式。

她从来没有问过许钢关于他和李桦的事,他也绝口不提。他们应该都是不愿意让周围烦琐的人事扰乱他们之间独特的清净。

接到许钢的信,董瑜莫名地紧张起来。她设想了几个如何向高翊介绍他的方法。她安慰自己,她和许钢其实并没有什么,但是面对高翊,好几次她都在话到嘴边时说不出来。最后她决定以上下级的关系来向他介绍许钢。

"我以前公司的总经理要来澳洲。"一天在高翊那里吃晚饭时,她低头拨着碗里的米粒,这么说出来。

"出差吗?以前你和他的关系可以的话,我们请他一起吃顿饭吧。"他并不很在意。

"不是出差,他已经离开我们原来的公司了,这次是拿商务签证来澳洲,可能会住上几年。具体的我也不是很清楚。"她含糊其词。

"他多大年龄?"

"四十来岁吧。"

高翊看了看董瑜,哦了一声,没再说什么。

五

许钢到达澳洲的当天,董瑜和高翊一起到机场接他。

董瑜向许钢介绍高翊时,说的是男朋友这个身份。许钢和高翊握了手,董瑜却只站在高翊背后朝许钢微笑。不用她说他便知道,她还是没有原谅他,即使她不曾表露出一丝责怪的意思。他曾想象过很多遍他们重逢的场面,也许一个拥抱,一个吻,至少握一握手。也许她的淡然是因为在高翊面前不好意思吧,他安慰自己。

有高翊在,许钢积攒了多年想对董瑜说的话没有机会说,只能以一些客套话寒暄。他相信既然到了澳洲,他们总会有单独相处的时间,只要她没有和高翊结婚,而他在她身边,就有希望。

去酒店的路上,许钢托董瑜代为寻找出租的房屋。"我人生地不熟的,你在地产公司上班,比较专业,这事找你,一定是找对了人。"

"没问题,我尽快帮你找,只是我们公司只代理商用建筑。"董瑜自然一口应承。

董瑜在报纸上找了房产公司的广告,逐一打电话去问出租房的详情。条件合适的空闲出租房似乎并不多,市区南部的一家公司让她周六过去看一下那里一栋高层住宅顶楼的一套单元。

那是套不错的两房公寓,因为多了个楼顶平台,租金比市面上相似条件的要高出两成。"许总一个人住,没必要租两个卧室的顶层屋吧?"充当司机的高翊轻轻对董瑜说道。董瑜没有接他的话头,她对许钢目前的状况并不清楚,不便贸然发表意

见,便问许钢要不要再找找看其他的房子。见房子通风敞亮,又是在最少受干扰的顶楼,许钢几乎没有犹豫就决定租下来。

办好手续,董瑜邀了许钢到家里吃便饭。董瑜和高翊边说话边准备饭菜的样子,让许钢不得不相信,当初她说已有男朋友并非借口,他们分明是一对亲密的男女朋友,高翊完全是以男朋友的身份在照顾董瑜,而在高翊面前,董瑜快乐小女人的样子和他印象中的干练白领完全不同。他满心醋意却只能装作若无其事。

许钢没有料到,和董瑜在同一个城市,住地也近在咫尺,两人竟没什么机会见面。

就算拿了经商的签证来到澳洲,许钢并没有什么实质性的生意,他只是花钱打点,靠朋友帮忙才办妥签证手续。从进入澳洲起,他就打定主意,要设法在最短的时间里拿到永久居留权。只要出国,他和李桦离婚就只是时间问题。他确定李桦也意识到了他们两人之间有无法逾越的鸿沟存在,而且她找得到的线索已经足以让她相信丈夫并不那么爱她。李桦向来不计较财物,离婚时划分起来应该好办,许钢对此毫不担心。

许钢由董瑜陪着,去地产中介那里办理租房手续时,对方女老板玲达亲自接待了他们。这是一个肤色暗黄、脸部轮廓格外分明的中年女人,矮小精干的身材,语速飞快,音调斩钉截铁,不过一和许钢说话,她就放缓语气,改说夹杂英语单词的广东口音浓重的普通话。每次他去付租金,她总化着浓重的眼妆,将本来就有些突出的嘴唇涂得很红很夸张。后来玲达告诉他,东方人觉得樱桃小口漂亮,西方人认为厚唇大口才是性感的,而性感的就是美的。

许钢感觉得到,玲达从见到他就对他颇感兴趣,果然,不久她便试探着邀他外出共进晚餐。他没有拒绝。在餐桌上,她

打量着他,转着弯探问他的情况,他完全清楚她的用意。她套他的话,他拣可以说的照实回答。凭经验,他知道交上像玲达这样有正常生意,身家也一定不薄的中年女人做朋友,对他绝对是有益无害的。但他很快就发觉玲达并不仅仅想和他做普通朋友。

他从玲达的口中得知,她们一家20世纪90年代初从中国香港移民到澳洲,开了家小型的地产公司。才几年她丈夫便得了绝症去世,那时,她儿子凯文尚未读完大学,女儿艾米还在读中学。玲达以前虽在丈夫边上相帮,却从未独当一面做过生意。丈夫走后,她不得不负担起公司的生意。凯文只有周末可以来帮她做点事。后来艾米上了大学,每周也有一天在公司帮忙。

玲达雇不到合适的人,只能自己勉强打理业务,却力不从心。就在那个时候,许钢因租房而踏进她的办公室。

六

玲达第一眼就觉得这个比她小好多岁的男人有着某些过人之处。他身材高挑,皮肤细腻白皙,浓密的眉毛下,生就一双典型的丹凤眼,又有东方人少有的高挺的鼻梁,他的双唇薄而线条分明,脸刮得干干净净,从外表看,这个男人与她前夫有着天壤之别。每次见他,她总暗暗对他的长相赞赏不已。他好像不工作,进出却一直衣冠楚楚。从登记的数据看,他独自租住楼顶屋,她猜他应该是富裕的单身男人。她开始有意接近他,但他似乎遥不可及。

当时,她已经越来越觉得无法独立支撑公司的生意,精神几近崩溃,她需要一个男人来替她撑腰。她将许钢当作理想的

人选,每次他到她办公室付租金,她便会放下手头的事,请他坐下聊天。她甚至还会找些诸如例行检查、房东委托之类的借口登门拜访他。

不知是不是许钢看出了她的意图,开始有意无意地疏远她。无可奈何之际,玲达想到了一个绝妙的主意:提供一个职位给许钢。不出她的意料,他欣然接受。

许钢头脑精明,口才了得,玲达的客人们很快接受了他,他在她的圈子里如鱼得水。玲达庆幸自己找对了帮手,但她也知道了一点,他在上海是有太太的。以她的阅历能想到的就是,他和太太长期分离,感情出问题是早晚的事,也许问题早已出现也未可知。他迟早会离婚的,她决定赌一把。

"只要你和她分居超过一年,她又不能来这里,你们可以毫无障碍地离婚。"她找机会和他聊天。

玲达没有想到,许钢是为了另一个女人从他太太身边逃开的。他追随他爱慕的女人来到澳洲,并且一直在苦苦等待靠近她的机会。不过玲达不知道的还有另一面,就是许钢可以在澳洲合法居留的限期越来越短。

假如是自由身,许钢也许会不顾一切地接近董瑜。但是他不能。他是一个已婚的男人,即使婚姻并不理想,总归还是一纸约束,眼下的他还没有资格在一对多年的恋人中间横插一杠。

许钢打算先办妥离婚手续,再向董瑜摊牌。他要告诉她,他选择不惜代价到澳洲来,并非冲动的决定,他完全是考虑再三,为与她重逢而来。他在和时间赛跑,必须在她还没有和高翊结婚前办成离婚。他内心焦灼地渴望,他们之间曾经有过的火花再次迸现,他要让已渐渐冷却的感情升温回暖。

他的幻想在她三十岁生日那天破灭。

董瑜在电话里告诉他,她请了些朋友到家里开个小派对。许钢捧着玫瑰花束和红酒去她家时,看见的是高翊亲手替董瑜戴上他送给她的带有她名字前缀字母挂件的项链。高翊拥着董瑜,给了她温柔的一吻。一旁的朋友们为他们拍手欢呼,唯独许钢心痛不已。他走到阳台上,想呼吸一下新鲜空气。

晚霞将夏末秋初的天空点缀得绚丽多彩,他却没有心思欣赏景色,他不想让任何人看到他湿润的双眼。

许钢开始为玲达做事后,董瑜和高翊曾一起到他的办公室去看过他。听许钢说董瑜是在市中心那家颇有名气的地产公司工作,玲达不免留了个心眼,热情地亲自做了咖啡端给他们。

玲达对许钢的痴迷还在加深。几乎每个周末她都约他外出吃饭消遣,她知道他在澳洲是孤单的,她也从来不让他花钱。许钢对在外面由女人付账觉得很不自在。玲达知道他的顾忌,干脆告诉他,自己的资产是八位数澳元,而他从大陆到澳洲,未必能带多少财产,他的工资还是由她发的,所以不必和她客气。

时间一久,许钢也就习惯了。不过他还是劝玲达不要在他身上花太多时间。

玲达笑笑:"我单身,你也孤单一人,我们就当是做个伴吧。"

董瑜和高翊的关系牢不可破,许钢渐渐地便有些气馁。他来到澳洲如此之久,满怀希望却难以靠近她。每当想到董瑜和高翊亲热的样子,他的心就会隐隐作痛。他常紧闭双眼,在心里怨她忘记了他们的过往。

他知道,在动用资金这件事上,他是自私的,他的畏缩根本与出卖她无异。纵然她自愿为他牺牲,他至少应该在她面前表示愿意承担责任,那样的话,她既然要离开,还是一定会独

079

自揽下责任,不同的是,他显示出的就是一种高姿态,但是他不敢心存侥幸。知道她要离开,他立刻为自己的后知后觉而后悔。她真的替他担了责任,他又担忧,怕她因为看到了他卑微的一面而鄙夷他,有时他甚至小心眼地怀疑,她在他面前毫不掩饰和高翙的亲密是她对他有意无意的报复。

他无数次地反思过和李桦的婚姻。她对他并不是完全没有吸引力,但他更清楚,她的家庭对他是何等重要,早些年他无论如何不能缺掉李家那棵大树。一直以来他都知道,他能够拥有权力,站到一个新层次上居高临下,靠政策和消息获得利益,和李桦的婚姻是一级必不可少的台阶。经过几年秘密的积累,他有了充足的资本,地位也逐渐稳固到不会被轻易地撼动。只是,也许他始终若即若离的态度让李桦越来越失望,他隐约觉得李桦对他的感情由浓转淡。

见到董瑜的第一眼,他怦然心动。当他的心一再被董瑜牵动,他知道,终有一天,他会为了她而离开李桦。但是走到出走澳洲这一步,他耗了太久,他自由的一天尚未来到,董瑜已经成了高翙的未婚妻。他不情愿地开始考虑和玲达走到一起的可能性。既然回不去,他便只能留下,那样至少他可以离董瑜近一些。

当许钢告诉玲达,他已经开始和国内的太太办理离婚手续时,玲达不动声色,她明白自己像一只耐心的狼,知道他早晚会有求于她。果然,他请她到外面吃晚饭。她看着他的眼睛问:"请我出来,是有什么要紧的事吗?"他只淡淡地说:"我离婚了。"

为了能在澳洲永久居留,他必须办成移民手续。眼看着带来的钱消耗下去,他也不能什么都不做,这样总有一天账户会干涸。所以当玲达请他为她工作时,他欣然答应,他首先需要

挣钱，也需要为自己积累在澳洲做生意的经验，直到将来展开自己的生意。

玲达和许钢两个人都没想到，最后让许钢放弃坚持的东西其实很简单，只是一瓶度数颇高的伏特加。一天晚上他在玲达家喝醉后就住下了，随后玲达就邀他搬进了她家的豪宅。玲达将许钢从总经理改成生意合伙人。许钢申请永久居留澳洲的签证也很顺利地下来了。

凯文和艾米对妈妈有男朋友并不抗拒，反而都和许钢相处得不错。和玲达一家一起吃晚餐时，许钢端起酒杯，用充满感激的眼光凝视玲达。这个比他大了好几岁的女人看似强硬，在他面前却如小女人一样温顺，更重要的是，在关键时候，她给了他需要的一切。他不否认他又一次靠女人交上了好运。

当他的嘴唇触到酒杯边时，他立即想到了董瑜，他感到自己的心刺痛了一下，马上却又矛盾地为自己感到愧疚。

七

玲达让许钢请董瑜和高翎一起到家里做客。玲达是有远见的，许钢帮她打理生意后，公司忙了不少，合适的人难以觅得，她需要董瑜这样的帮手。许钢犹豫了一下，答应了替她做说客。

两对人在玲达家面朝大海的宽大弧形露台上喝着下午茶时，气氛温馨和谐，许钢却感觉得到和董瑜之间的生疏。不出许钢的意料，董瑜婉言回绝了请她加入他们公司的邀请。于她而言，与许钢和玲达两人朝夕相对几乎是件不可能的事。

许钢连续在报纸上刊登聘人广告，经过不少失望的尝试，始终没有合适的人选。同时，他几乎是在央求董瑜，她却仍然

一直没有松口。

一天,董瑜意外地接到玲达的电话,约她下班后到她公司附近的酒店见面。

"这儿的蛋糕非常好吃。"刚见面时,她们都有些拘谨,好在都是聪明人,玲达先赞了面前的点心,董瑜尝了尝,果然美味,又觉得水果挞也不错,便推荐给玲达,一来一去,两人的话渐渐多起来。

"请你帮帮我们,好吗?"气氛轻松了些后,玲达诚恳地开口道,"我怀孕了。"

玲达知道自己干脆摊牌之后,董瑜便无法无动于衷。另一个促成董瑜下决心去玲达公司的原因,是她对黛安和罗比的忍耐到了极限。

玲达在46岁的年龄怀孕,格外小心,基本不再管公司的事。她所有的事务,无一不是交由董瑜打理,千头万绪,细琐繁杂,之前试聘来的员工只是做其中的一部分,就都知难而退。凯文每周只上一天班,又有拖沓的习惯,艾米也基本是凭兴趣做事,董瑜便时常救火似的将他们手头的事接过来做完。

许钢通常都会将自己的事全部处理好,只是任职接待员兼打字的年轻女职员时不时要出点错,董瑜怕惹出大麻烦,只要一有空,就将为许钢的文件校对的工作揽过来做。

"有些事,留着我下了班自己做吧,你平时手上的事已经够多了。"午休时,许钢见董瑜还在赶着记账,心有不忍。但他又有些矛盾,他能依赖的只有她,没有另一个人能像她那样,处理完事情后让他没有后顾之忧。

"没事,我可以的。"董瑜的工作效率远高于预期,连身为老板的玲达都望尘莫及。玲达曾假设如果她育儿期间一个人顶替不了她,可以考虑多请一个临时员工,现在看来,这个预备

方案完全是多余的,她暗自庆幸不必多支出一份人工费,尽管她开给董瑜的工资并不高。

过了段忙忙碌碌的日子后发生了一件许钢没有意料到的事。那天他处理完一笔交易回公司,松了口气,靠在椅子上休息。办公室里只有他和董瑜两个人,他便让她也暂停一会儿。她起身倒了两杯茶,递了一杯给许钢。

许钢随口问起高翊:"高翊还好吗?"

她点头:"我好久没见到他了,打过一次电话,听他说很好,就是有点忙。"

他蓦然意识到事有不妥,她镇定地承认,她和高翊已经分手,还有,她不久前已在离公司不远的地方买了房子,现在已住到自己的房子里。

他怔在那里,她说的这些,他竟然什么也不了解。然而那一刻,他的脑子里只有一件事,董瑜和高翊分手了。他早该看出,在高翊面前,董瑜根本不是在做她自己。他们过于相敬如宾,表面看来的确和谐,但那样的两人,绝不可能是至情至性倾心相爱,即使她和高翊结婚,生活中有的也只会是平淡无奇的日子,那不是她要的。许钢太了解她了。

许钢懊恼地自责,如果真的心有灵犀,他本可以等。但董瑜,就算是和高翊分手,对自己竟只字不提!他试着想象,她决定和高翊分手时,内心会有多少纠结折磨,她独自承受了全部。可她不那么做,又能如何?从他和玲达确定关系开始,他们之间的感情已经完全彻底地成为往事,以董瑜的自尊心,怎么会向自己倾诉另一段感情的伤痛?

许钢站在淋浴房的水龙头下,想到他和玲达密切往来时,董瑜在孤独中度过的漫漫长夜,心痛无比的他无声地流下眼泪。他懊悔和玲达结婚的事操之过急。回头算来,董瑜和高翊

分手时,他的居留签证时限还允许他去争取董瑜。为何他没有在接受玲达前,再去问董瑜,她是不是可以不要对他如此决绝,却没有勇气开口。早知她已恢复单身,他一定会竭尽全力去追她,脸皮厚些又怎样?不择手段又怎样?

他心里每想到她时的那种隐痛又出现了,这次比以往任何时候都要尖锐,像触到嵌进手指尖的刺一样。他和她之间的事情就是阴差阳错地发生,成为悲剧。

许钢不会知道,董瑜在知道高翅和罗尼的事时,震惊难过并不觉得十分意外。还在读中学的时候,高翅就与众不同。他热衷于打扮,品位独特,他会缝纫编织,也爱下厨、写诗、朗诵、弹琴、唱歌,样样都做得很好。她只觉得他多才多艺,线条细腻,却没朝别处去想,直到凯丽特地到她家去,告诉了她高翅和罗尼的事,她才明白过来。

她当时泪流满面,而原本应该与她同病相怜的凯丽却比她坚强得多,挽住她的手臂不断安慰她。

"很伤心是吗,莉莎?我刚发现时和你现在一样难过,但是我知道不能一直伤心难过下去,我自己和自己说话,说了很多,后来不知哪一句有用了,一下子就全放下了。"

凯丽喜欢罗尼,常去找他,罗尼却对她始终若即若离。凭着直觉,凯丽总疑心罗尼另有所爱,便花了心思悄悄地寻找证据。那时大家渐渐开始用网络联系,凯丽终于在罗尼疏忽时,记下了他上网的密码,罗尼和高翅间的聊天记录让她恍然大悟。

就像董瑜在高翅面前绝口不提许钢和安东尼一样,高翅也从不曾和董瑜谈起过自己的感情生活。董瑜不想责怪高翅,因为他们曾经分别的六年,是几乎所有普通人一生中最为情所困的一段时间。

八

"我看到一套不错的公寓,想买下来,我手上的钱付首期和税刚好够。"高翙在她家吃了晚饭,正在厨房洗碗时,董瑜走到他背后,轻轻说道。

"恭喜你了!"高翙转过身,在她额头上吻了一下。他没有问她详情,似乎他早知道,买房只是她一个人的事。

他告诉过她,他的存款远远不够买房的首付。而她艰难地决定尝试和高翙做未婚夫妻时,却没有提起财产的事。她在中浩公司的收入不低,自己做的投资回报也不错,她早存了些钱,为的就是出国后的生活。她也没有告诉高翙,她一直在收集房屋市场的资料。

那套房子是一片联排别墅中的一套,董瑜开车上班,不过十来分钟的路,离玲达家也不远,但离高翙住的市中心公寓,却有至少半小时的车程。和现在的几步之遥相比,隔了这些距离,工作之外便不可能再频繁来往。

以高翙的细腻,凭董瑜看房买房都没有和他商量这点,就意识到,她是在做离开的准备了。没有婚姻关系,她不会和他共同买房,换作他,也会那样做。在处理钱财的问题上,他们不谋而合。大都市成长的人自有独到的敏感和理智吧,他想。

董瑜搬到新居的那天,高翙和罗尼他们都去帮忙。送他们离开时,董瑜和高翙紧紧地拥抱了一次,在于他们,这个拥抱就是告别的仪式。花自飘零水自流,既然彼此都已明了,分手这种事,还是不说出来好,让对方难堪,是他们都不愿看到的情形。不做男女朋友,他们还有六年的同学情谊,继续将朋友做下去,岂不更好!

　　董瑜没有忙着拆箱整理东西，只是从随身带着的旅行袋里取出换洗衣物和毛巾，洗了个酣畅淋漓的热水澡便早早睡下。想诉说却没有人可以倾听的凄凉感觉让她将自己裹紧在被子里，什么也不想做。

　　直到安定下来，她才给国内的父母打了个电话。听她欲言又止，蒋文萱问："发生了什么事吗？"

　　"是的，我和高翊分手了。不过，现在没事了。"董瑜知道父母亲都属于睿智克制的一类人，发生任何意外情况，都会冷静地思考最适当的应对方法。在他们家，没有时间浪费在呼天抢地、怨天尤人上。

　　董瑜花了几个月，按自己的心思将新居布置妥帖，便安排了她父母来小住一阵。

　　公司里忙，董瑜没有办法特地请假陪他们，只能趁周末带他们到周边的几个风景区挨个游览一遍。

　　看蒋文萱特别偏爱郊外的田园风光，董瑜便对她母亲说："你们喜欢这里，干脆申请移民吧，等我再存多些钱，就在郊外再买个房子，给你和爸爸退休后住。"

　　高翊在蒋文萱他们刚到时请他们吃了饭，作为接风洗尘。他们回去前，他又带了些礼物到董瑜家里和他们话别。典型的朋友间的礼节，高翊拿捏得恰到好处。

　　许钢以老同事的身份，特意驾车载了董瑜和她父母一起到盛产葡萄酒的猎人谷去玩了两天。从蒋文萱的目光中，他看出她早洞察了他对董瑜的心思。董瑜出国前他去她家，蒋文萱也是用同样的眼神看他，那眼神似乎可以探到他心里去。

　　玲达特别紧张苏菲，在照顾婴儿这件事上，除了自己，她对谁都放不下心。她决定暂时不去公司上班，董瑜便继续替代她在公司的职责。直到苏菲满两岁，玲达才决定将苏菲放进日

托所,自己每天到公司上几个小时的班。

不久董瑜就察觉,玲达回公司后对自己的态度有些奇怪。董瑜将玲达不在时由自己处理的事捋了一遍,并没有什么不妥的地方,玲达不该为那段时间的事对自己不满,相反,她该清楚在她抽不出身来的这段时间,有董瑜这样能做事又忠心的员工实属幸运。董瑜的直觉告诉她,玲达对她的态度与公司的事无关,那么,她在顾忌些什么呢?董瑜分析了一下,应该是因为许钢了。自己和高翃分手后一直单身,站在玲达的角度,比自己年轻的再婚丈夫身边有一个女人,而这个女人是他的故知,他又一直对她另眼相看,玲达难免会猜测,他们之间过去曾有过什么?将来会发生什么?

对于这种未挑明的猜忌,董瑜感到可笑。起先,玲达表面再客套,董瑜还是能看到她眼神里的敌意,那层敌意逐渐升级,到了后来,玲达索性连假意的客套都省了去,开始直接挑刺,最明显的,就是她时常故意在顾客和许钢面前让董瑜难堪。

看得出,许钢对玲达的无理取闹极度内疚。他知道玲达在担心什么,他试图安抚她,劝她不必多心,却无济于事。玲达似乎钻进了牛角尖,许钢每次刚试图替董瑜说话,玲达必定大发脾气,夫妻间随时爆发一阵大吵。

许钢多次私下替玲达向董瑜道歉。"她是老板,这么做总有她的理由,我不会在意。"他根本不相信她轻描淡写地说的她不在意,他知道,她不希望看到他们为了她而夫妻失和。从认识她起,每次看到她故作轻松,他就想得到她背着人独自哭泣的样子,他恨她总是为了做到识大体而委屈自己。但她避开他的话头,他便无从说下去。

和许钢想象的一样,董瑜独自一人时,眼前便会出现玲达

疯狂的样子。对于当初的决定,她后悔不已。明知到这里和许钢一起工作是个错误,但当玲达拿出怀孕这个理由来,她的心一软,关键时刻,理智输给了感情,傻到以为这个错她不得不犯。现在玲达既已回到公司,她就应该离开了。

她梦到了安东尼。在安东尼发给董瑜的电邮里,有不少派对的照片,他身边总是出现不同女人的身影,虽然看不出他和她们是什么关系,他也从没特意提到她们,她却莫名地惴惴不安。但她不能问他,那样显得自己小气,何况自己也不是安东尼的什么人。

她给他发去一句话,说突然很想和他再一起坐在午餐桌边聊天。

九

离玲达的公司不远有家叫作海伦娜的咖啡餐馆,店东是六十岁出头的单身汉乔伊。董瑜时常在上班之前去乔伊那儿吃早餐,时间长了,她才知道,原来貌不惊人的乔伊拥有咖啡馆所在的整栋建筑的产权。和董瑜熟络起来后,乔伊决定整栋楼的物业交给她所在的公司管理,除了海伦娜,这栋楼还包括另外两间店铺和店铺楼上的六套公寓。

见乔伊只希望和董瑜联系,本该负责物业管理的凯文便索性将乔伊这栋楼的事全部托给董瑜去办,自己乐得轻松。

这天董瑜下班时,经过乔伊的店铺。店铺已经打烊,乔伊还没有回家,坐在靠着门的一张桌子边看报纸,见到董瑜,便请她进去。

他给董瑜端了杯咖啡,自己在她对面坐下,告诉她他是特意在店门口等她。

乔伊说他决定退休，因此准备将餐馆的生意出让，出乎董瑜的意料，乔伊劝她将这份生意接过去做。"亲爱的莉莎，你是最合适做这个生意的人。"

"为什么这么说？"董瑜不解地看着乔伊。

"我见到你和不同的人打交道，也见到玲达对你不公平时你的表现。你善解人意、耐心、宽容，还有，做食品服务，更要善良、细心、清洁，我认识的人里，只有你具备所有这些品质，所以你有做好这个生意的能力。"

"谢谢你这么说，乔伊！"她的眼有点湿，"但是我完全没有预料到这样一件事，我从来没想过要自己做生意，更没想到过改行做餐饮。如果我现在对你说'是'，就意味着盲目冒险，你理解我的意思吗？"

乔伊连连点头："我完全理解。莉莎，你听我慢慢说给你听。几十年前，我的父母带我们全家从希腊来澳洲的时候，我还是个孩子，那时候我们很困难。我父母开了这家餐馆后，我们的生活才渐渐发生了变化。我是老大，因为要帮父母做生意养家，没怎么读书。我父母靠这份生意，供我的两个弟弟都读完了大学。后来我继承了父母留下的生意，尽心尽力地工作，虽然不能成为富豪，也挣下了不错的财产，这是一个公平的国家，只要愿意付出，就会得到相应的回报。"

见董瑜沉思着却不再说不，乔伊又接着说下去："如果眼前有一条创造财富的稳妥之路，聪明人是一定会走的。这生意做起来虽然有些累，但不算很苦。这店是在一个很好的位置，在进出地铁站和巴士站的必经之路上，从早到晚的行人是生意的保障。好好考虑一下吧，不要急着决定。"

接下来的几天几夜，董瑜的心里翻江倒海，无法平静。如果没有改变，那自己十年、二十年甚至三十年后的样子，她可

以想象出来。继续做现在的工作,很难超越她曾经达到的程度,一辈子做个办公室文员,不会有奇迹。如果那样,她又何必付出抛开一切的代价来到一个新的世界?只有给自己定一个更高的目标,并且用最短的时间去实现它,那样她付出的代价才有意义。而目前,凭她手上的本钱和她单个人的力量,的确也没有别的更理想的方法有所突破。另外,玲达的态度早已从不友善变成处处针对,她去意已决。也许真的值得试一下不同的活法,哪怕需要脱胎换骨。反反复复的思考后,她决定面对现实。

她独自坐了下来,详尽地点算了她的资产。买房时,她付出的是大比例的首期,物业本身也奇迹般地升值,那样,通过对物业的重新估价,她可以提出部分现款,她百分之百地确定这样做的话,不需要申请高利率的商业贷款,就凑得出购买乔伊的生意所需的资金。在最后拍板前,她不想和任何人商量,她怕不同的意见会动摇她的想法。面对重大的事情,她从不失为一个果断的人。

她给父母去了电话,向来对女儿仁慈疼爱的董仲康照例在一番嘘寒问暖后,将电话听筒交给蒋文萱。她简要地向蒋文萱说明了一下她面对的情况,告诉她母亲,她决定接手一家餐馆。

蒋文萱听她说话时,只偶尔嗯一两声,等董瑜说完,她心里已拿定主意。她只对董瑜说了句:"你这么大了,自己决定吧,我相信你的判断。如果缺钱,我们会全力支持。"

董瑜的眼睛一下子发热,她想还好她父母看不到。"现在我不缺钱,我只要你们的支持就好。"

趁办公室里只有她和许钢,董瑜走到许钢的办公桌边,沉默地注视着正对着计算机屏幕酝酿用词的许钢。他抬头看向

她,她语气凝重但坚决:"我该退出了。"

退出这个男人的视线,退出玲达的纠结,退出羁绊自己的工作,做一个全新的自己。她抿紧嘴唇,眼睛里浮起晶亮的泪光。

许钢只注视了她极短的片刻,沉默着将脸转过去,他无法面对她这样的目光。他桌上的电话铃声打破了沉默。他用不容分辩的语气对她说:"我必须和你谈谈。今晚七点半,我在海湾夜总会的餐厅等你。"接着他就拎起话筒接电话,不容她有开口否定的机会。

董瑜的感觉有些恍惚,她尽量克制自己,很快她就镇定下来,和客人讲话或接电话,一如既往地平静温和。反而是许钢沉不住气,做事时总有些分神。玲达回办公室后,他便找了借口外出,临走时关照董瑜:"我今天不回办公室了,有事替我留言。"

✚

董瑜回到家淋浴后,换上一件有柔软蕾丝花边的白色衬衣,飘逸的灰色长裤,又套上件浅粉红色编织外衣,将披到肩的头发盘在脑后,化了淡妆。她在镜子里端详了一会儿自己的容颜,满意地笑了笑。

海湾夜总会坐落在半岛的一个小海湾内,有一面玻璃墙朝向海洋。

董瑜走到餐厅较里边时,许钢已经坐在靠玻璃墙那面最里面的一张桌子边。她走过去在他对面坐下。

许钢的目光停留在她脸上很久,他第一次见到眼前这个女人时她才二十多岁。十多年过去了,即使现在她每天都出现在

他面前，他见到她时，总还有眼前一亮的感觉。在餐厅淡淡的紫色灯光映衬下，她的容颜散发出少妇特有的成熟魅力，妩媚迷人，他想起玲达在看的电视剧里彼岸花的故事，得不到的无奈令他的心又开始隐隐作痛。

他请酒保为她调了桃汁鸡尾酒，自己要了马爹利，轻轻碰杯后他啜了口酒，目不转睛地看着她说道："上次这样两个人一起喝酒，已过去好多年了。"

她点点头："我记得。那天你差点醉倒，走路都在晃了。"

"那是我因为带给你麻烦却保护不了你而自责。"他说这话时有些吃惊，那么多年他从没有在她面前责怪过自己，仅凭这点，她就可以鄙视他。

"我从来没有怪谁。那时我愿意帮你，是因为出国手续已经差不多办好，不久就要离开公司，我那时年轻，不知道天高地厚，只想仗义行个方便成人之美。"她有意回避扯上感情，只说反正要出国，利用最后的机会为他做件别人难以做到的事。她想她这样说他的歉疚感就会轻些。

他当然懂她的用意。"你本来可以走得漂漂亮亮的，不必背挪用资金或至少是渎职的黑锅，要知道你也可能因此走不成。"

他的话扎在她心里最痛的一个点上，她的眼泪开始涌上来，她努力克制着不让它们流出来，嗔怪道："过去的事，现在提起来做什么？"

"那就说这次的事。我知道玲达对你有亏欠，她现在这样对你，我还是改变不了什么，保护不了你。"他垂下头。

"这次我离开，不关你们的事，"她不忍见他自责，"我是想尝试一下另外一种生活。"她的眼光投向黑魆魆的海上，远处有航标灯在闪烁，也有夜航的船只星星点点的灯火。

  这些年，人们由于各种原因来到澳大利亚这片遥远的土地上，对多数的人而言，首要的事是安身立命。走完这一步，便可享受舒适安稳的生活，董瑜却不甘停歇，她想要有更大的作为。在她眼里，这个美丽的绿色巨岛充满机会。

  乔伊在说服她的时候曾说过："多数人不是生来富贵，但是可以用智慧和勤劳来创造财富，改变生活。有了第一桶金以后就会容易许多。"董瑜没有告诉乔伊，他的话字字说到了她心里，她曾看着鳞次栉比的高楼大厦想，即便每天衣冠楚楚地在这豪华的楼宇里上班，自己也无非只是个可有可无的无名小卒，对从来不甘居于中游的自己，毫无成就感可言，只是当时没有奇迹，她必须辛勤工作。

  许钢的目光也随着她，看向海面。当年在大学时，他曾暗恋过一个女孩，那女孩是校体操队的队员，在全国大学生运动会上，她拿到了自由体操的金牌。他找机会向那个女孩表白，她毫不犹豫地拒绝了他，他眼看着那个女孩和同学中一个父亲是副市长的男生好了。从此他对自己的普通工人家庭出身变得非常没有自信，没有再主动追求过别的女孩。

  许钢本来寄希望于大学的毕业分配，如果有一份好的职业，那发挥才干、吸引到条件好的女孩都不是问题，但是他被分到基层单位。他一直不停地充实自己，但希望似乎有些渺茫。当他感觉李桦对自己有意思时，立刻想到，她的家庭背景对他的成功将是最好的保证，单身的他便顺水推舟做了她的未婚夫。果然，他立刻结识了许多和以前截然不同的人，他的才华终于得到赏识。只是，踌躇满志时，他遇到了董瑜，他竟然爱上了这个女下属，于是，他迫切地需要得到财富与自由。董瑜远走高飞到了澳洲，他不死心，追随她而来，命运却和他开了个玩笑，他阴差阳错地成了玲达的丈夫。得知自己结婚时董

瑜和高翊已经分手,他只以为是上天似乎在捉弄自己,却完全不知道,安东尼已在董瑜心里播下了一颗随时会发芽开花的种子。

他相信董瑜曾经爱过自己,是他的私心损害了他在她心目中的形象,在她离开中国前的那段时间,无论他怎样尝试,她都不再接受他,即使他追到澳洲,她都没有给他任何机会。他无可奈何地知道,做任何事挽留她,都将是徒劳的。他想和她一起再醉一次,可是,那会在他太太玲达那里无法交代。

"早点回家吧。"她适时地将他从思忆里唤回,他伸手握住她的手:"自己保重吧,我知道你有自己的打算,你会成功的。"

"谢谢你,许钢。"那天她直呼他的真名,在办公室他们都只用各人的英文名来称呼。

出了夜总会,许钢和董瑜一前一后各自驾车回家。快到十字路口时,前面的红灯亮了,她看着许钢打了右转灯等在路口,而她变道准备左转,驶到和他并排的位置。他们隔着玻璃窗相视微笑。

一个不错的结局。她长长地呼了口气。

第 三 章

一

按程序办完一连串周密却并不烦琐的法律手续后,董瑜从乔伊手上接过了海伦娜咖啡餐馆。

厨师尼克留下帮她,侍应们也都决定继续做。只是少了乔伊,厨房还需要一个帮手。董瑜想到了原先房产公司的一个顾客银珠。

银珠和丈夫儿女早些年刚从中国香港移民到澳洲时,她丈夫在酒楼厨房做帮工,嗜赌成性。银珠为了儿女和丈夫离了婚,自己带着儿女租房。当时孩子还小,银珠为了接送儿女上下课,只能迁就学校的时间放弃全职工作。她在中餐馆午间茶市做一份推点心车的零工,刚因酒楼生意不景气而失业,正愁万一找不到工作,自己和儿女的生活没有着落。董瑜找到银珠,问她是否愿意做一份全职工作。那对银珠来说,无异是雪中送炭。

店铺打烊的时间不晚,董瑜晚上可以去上烹饪课。对自己开启的另一种生活方式中,可以练好厨艺这点,董瑜觉得不错。

眼见董瑜和银珠对餐馆的生意熟门熟路,一直在店里指导她们的乔伊对她说:"我要到希腊去一段时间。"尼克也打算和乔伊一起去。董瑜知道,在她开头时,他们帮了她,一旦她自

己可以将生意保持在正常的轨道上，他们便会离开，她迫切需要再请一个人在厨房做帮手。

广告在报纸上注销后的第一天，开门不久，就有一个女孩打来电话应聘，从那女孩的口音，董瑜听出是名中国同胞。到了约定的面试时间，来的果然是一个二十多岁的中国女孩。

"我叫辛迪，是来面试的，请问你们哪位是莉莎？"她的声音有些低哑，眼睛飞快地在董瑜和银珠之间来回打量，没等回答，就将目光停留在董瑜身上。

董瑜点了下头，表示自己正是董瑜。她看过去，只见辛迪瘦小的四方脸上，长着一双细细的眼睛，扁扁的鼻子，厚厚的嘴唇。"电话里好像不是你本人的声音？"

"那是我的朋友帮我打的，"辛迪爽快地承认，"我英语没她说得好，怕失掉机会，又怕搞错时间地址。"

对辛迪的小聪明，董瑜并不介意，只是有点担心："那你认为你的英语水平可以胜任这份工作吗？"

"我在国内初中毕业后读的是中专，英语有点基础，我学东西很快，工作也努力，老板一定会喜欢我这样的。"

董瑜不禁笑了笑。辛迪马上又接着说："我现在也特别需要钱，所以我会珍惜工作机会的。"

董瑜沉吟了一下，厨房帮手应该对语言的要求低一些，便接着说："假如被录用，什么时候可以开始？"

"马上就可以。"听董瑜那样问，辛迪喜出望外。她应该经历过不少面试，知道话到这个程度表示她有希望。

在几个条件可以的候选人中，董瑜感觉到辛迪最渴望得到这份工作，她是唯一目前没有工作的人，又正在工艺学院学习烹饪，作为海外来的学生，她被接受的机会并不多，她决定将这个职位给这位同胞。

董瑜和银珠手把手地教辛迪该做的事。辛迪的手也算巧，虽然英语有些障碍，做事却还勤快利索。三个人很快就能配合得比较默契了。

一段时间下来，董瑜发现生意的确不错，不知是乔伊保守，还是营业额有了提升，"海伦娜"的利润比乔伊说得要高。

二

董瑜一直关注着房产市场，几年下来，她得出了自己的结论。

这个沿太平洋的国家海岸线极长，自己所在的是一个有着无数优美沙滩的世界一流的国际化大都市，房产市场的高光点不外乎两点：市中心或近海的物业。市中心的民居通常是高层住宅，而近海边多是带庭院花园的别墅。

她庆幸自己做着一份强势的生意，收入稳定，这样，她不但可以很快积累起首付，还可以放心地偿付贷款利息。等等，再等等，她按捺住躁动不安的心，直到确定手里攒足一栋平均价位房屋首付的数额。

董瑜买下的是一栋离海岸不远、只有两个卧房的单层欧式小楼。

小楼现在的长期租客是从美国来澳洲做生意的马丁。许钢告诉董瑜，马丁经常在三番市和悉尼两地间往返，正是因为喜欢这栋楼的风格而常年租用，这样，比住酒店更惬意经济。他特地提到，工作之余，马丁将园艺当成乐趣，所以将花园打理得葱葱茏茏，一片生机。此话不假，董瑜购房前实地看房时，一眼看中的除了本身就很不错的房子，更是错落

有致的花园。

一天许钢告诉董瑜,马丁刚打了电话,屋子的遮阳顶棚掉了一块下来。董瑜让许钢安排人修理,许钢却笑道:"马丁已经修好了,只是通知我一下,有这样一件事。"

董瑜便说:"那至少我应该将买材料的钱和修理费付给他。"

许钢却告诉她,马丁说了,他今年不准备回美国过圣诞,所以买了些装饰物装点房子,是他在挂一串灯饰时压到了棚顶,应该由他付钱。

"那也应该是材料老化了,棚顶才会折断吧?还是该我付钱。"

许钢笑了:"抢着付修理费的房东和房客可不多见。其实房子不断有要花钱的地方,你那里平时的小修小补,都是马丁自己解决了,这里工匠这么贵,他帮你省了不少钱,你这个房东真是幸运。"

出于对马丁的感激,董瑜在圣诞节前夕通过许钢送了一瓶苏格兰威士忌给马丁,也收到了马丁回赠的一个水晶天鹅摆设。

即便这样,董瑜和马丁却一直没有碰过面。

安东尼给董瑜的圣诞礼物是用速递寄到的一张唱片,是意大利歌唱家波切利在塔斯干半岛的演唱会,他知道她喜爱他的音色和风格。她却因为安东尼没有固定的地址而无法给他寄礼物,只能在电邮里给他发去一张电子贺卡。

三

这天清晨董瑜将店铺的铁栅拉开时,天色刚开始发白,灰蓝色的天空中散布着一片红霞。她深深呼吸了一口早晨清新的

空气,走进店里。

"早,莉莎!"银珠走了进来。

"银珠,早上好!"

互道早安后,两人开始熟练地逐一进行着营业前的准备。

每天都来送货的波比准时将货车停在门口,从车上搬下新鲜的面包和糕点。

客人开始陆续进来,上早班的女侍应便忙着招呼客人,店堂里弥散着咖啡和烤面包的香味,银珠也将培根鸡蛋煎得喷香。

看到客人流露出满意的神情时,董瑜的脸上浮现出微笑,她喜欢看客人接过食物时欣喜的表情。

"辛迪怎么还没到?"银珠看了看墙上的挂钟。

董瑜也早意识到辛迪已迟了至少四十分钟。平日她偶尔迟到十来分钟,董瑜照顾她坐公交车不容易,也并不责怪她。但这天晚了这么久没有打电话来解释原因,董瑜不由得有点担心。

幸好董瑜和银珠轻车熟路,轮流做辛迪的那一摊事,虽有些紧张,总算没有耽误将客人的订单及时做出来。忙过一阵之后,董瑜看了看时间,近两个小时过去了。

"我打电话过去问问,她会不会有什么意外情况?"董瑜的担心加深了。

电话关机或不在服务区——总是一个说法。

银珠摇摇头:"年轻点的大多都一样,没什么责任心,她迟到多少次了,一次比一次晚,从不知道打个电话来说一声。"

董瑜也有些困惑,连一个电话也没有机会打,会是怎样的事?她心里有好几个猜测,自己又都否定了。她正想再打一次电话,辛迪急急地奔了进来。

"对不起,莉莎,我有点事来晚了。"她喘着粗气对董瑜说。

"你应该提早一点或至少在上班的钟点就告诉我。"董瑜虽指出她的不妥,口气却还是柔和的。

"手机没电了,我身上也没有硬币,就没有打电话。"辛迪一脸无可奈何。

"下次记得常检查手机,没电会误事。还有,除了不可预测的紧急情况,一定要事先请假。"董瑜用比先前严肃些的态度叮嘱辛迪。

"打工是有规矩的,没学会就出来做,只会给老板添麻烦。"银珠在打工生涯中学到诸多不成文的规矩,一向本分勤快,这点是董瑜最看重她的地方。

辛迪斜睇了银珠一眼:"莉莎也没你会教训人。"

银珠气得一下涨红了脸:"你是不是看莉莎对你太厚道,你就可以随便了。我是替莉莎抱不平。"

"辛迪,银珠是过来人,她说你是为你好。遵守时间永远是对的,没有时间观念的人做不好事。"董瑜加重了语气。辛迪便不再出声,到料理台边切菜去了。

午市过后,银珠和其他人先下班回家。辛迪没有马上走,她迟疑着走到董瑜旁边,开口道:"莉莎,我有点事要和你说。"

"说吧。"董瑜停下整理台面的手。

"前段时间我交了一个男朋友,但是他的前女友纠缠他不放,今天就是她找到我家里,逼我放弃赖恩。"

"那么,你的男朋友对她是什么态度呢?"董瑜见辛迪当自己是可以吐露心事的人,心里也愿意替她分析一下。在两个女人之间,赖恩的取舍最能说明问题。

"他说他和路易丝分手只是时间问题。"

董瑜意识到赖恩的话是男人通常用的借口。"那就是说他们还没有分手？坐吧，说说他的情况。"她递了杯水给辛迪。

"赖恩是个厨师，自己有家餐馆，今年四十五岁，有个儿子在上中学，他儿子一出生，他妈就和别人跑了，他一个人带着孩子。路易丝是发型师，比他大几岁，是离了婚的，也有个孩子。他说他是不可能和路易丝结婚的，因为她对他来说太老了。"辛迪一口气告诉董瑜。

"这么说赖恩嫌路易丝年纪大，不会和她结婚，但还是一直和她在一起？"董瑜摇了摇头，"辛迪，坦率说我认为这样的男人，还有他们的这种关系，你不应该卷进去。"

"但是我看得出，赖恩很喜欢我的。"辛迪并不以董瑜的话为然。

"听我一句，不要主动去找赖恩，除非他和那个路易丝彻底分手，到那时，他有诚意的话一定会来找你的。"董瑜将手按在辛迪肩上，用斩钉截铁的口气说。

辛迪不再说什么，但她仰起的脸和不甘的眼神里，董瑜看到的仍是不服输的固执。

四

过了些天的早上，"海伦娜"里的人们都正忙碌着，一个身材壮实、有些啤酒肚腩的中年男人走了进来。他穿着随便，似乎是刚起床上街买张报纸的一名街坊邻居。

"辛迪，给你一个惊喜！"他将手臂撑在辛迪面前的柜顶上，整个身体几乎都趴在手臂上，凑近辛迪和她打招呼。

辛迪抬头见是他，兴奋地叫出声来："赖恩，你怎么会来这里？"

"今天起得早,趁早上开工前专门来看你的。"赖恩旁若无人地和辛迪说话。

董瑜刚给一个客人结好账,辛迪转过头向她介绍:"莉莎,这是赖恩。"

董瑜走过去,隔着柜台和赖恩打招呼:"嘿,赖恩。"

赖恩一边打量董瑜,一边对她道:"你好!辛迪在我面前提到过你很多次,她很崇拜你。"他又转向辛迪,"你没告诉我你的老板这么年轻漂亮。"

"吃早餐了吗?"辛迪体贴地问赖恩。

"没有,今天我懒得自己煮,想要你亲手做早餐给我吃,别忘了还要咖啡。"

辛迪看了董瑜一眼,董瑜点点头,辛迪让赖恩坐着等一会儿,她走过去,和银珠换了位置,开始做赖恩的早餐。

当辛迪将盘子放到桌上时,董瑜听到赖恩轻声问:"我不需要付钱吧?"

辛迪轻声道:"你来看我,我怎么能要你付钱呢?算我招待你。"

银珠也听到了他们的对话,看了看董瑜,朝他们努了努嘴,董瑜意味深长地看了看辛迪。

赖恩走后辛迪从挂着的包里拿出钱包:"莉莎,赖恩的早饭由我来付。"

银珠看不过去,摇着头对辛迪道:"和西人交往,就是与我们东方人相处不同。该他自己付钱的,你倒替他付。"

辛迪让银珠说得没有面子,冲着银珠道:"我愿意。"一边转向董瑜道,"赖恩很有钱的,他的餐馆生意很火。"一边递上钱。

董瑜摆手做了个阻止的手势:"好了,今天算我招待赖恩。"

到了下班的钟点,董瑜从冷库里取出一盒蛋糕,切了一份出来留给自己,请银珠将余下的切开,让各人都带一份回家:"这是蛋糕作坊给我们的样品,大家试吃一下,给我反馈,我好决定要不要订他们的货。"

辛迪等到大家走后,走到董瑜旁边,脸上有些尴尬:"我已经和赖恩说了,要他在路易丝和我两人中选一个。他今天来找我,说明他不愿和我分手。"

"辛迪,你自己再想清楚点,如果你只是和他玩游戏,不求结果,那是你的个人行为,我无话好说。但我想,你是认真的,是吗?"

"我想和他结婚。"辛迪咬着嘴唇点头。

面对毫无把握的辛迪,董瑜知道自己终归是外人,关于这种事无法多说什么,而辛迪既是成人,便需对自己的行为负责,她能做的只是叮嘱辛迪多留个心眼。

五

当天下午,正到打烊的时间,许钢将车停在"海伦娜"门口。

她将他迎进店内,顺手关了门。

"来得正好,一起吃个下午茶吧。"做好两杯咖啡,她端过先前留下的蛋糕,一切两半,正准备再拿一个碟子,许钢按住她的手:"我们两人还需要坐不同席、食不同器吗?不要费事了。"

她愣了一愣,笑道:"我其实没想那么多。"也不坚持,拿来两把勺,和许钢就着同一个碟吃起蛋糕,不过许钢还是感觉到她带着点客套的礼让。

"找我有事吗？"她看着许钢，问道。

他点头："你现在的收入很不错，想不想给自己的住房来个升级？"

董瑜有些意外地看着许钢。

"想的话，现在正是最好的时机。你看，在你买连排别墅之前，这个区域的房价一直没有什么大的升值，但就在你刚买不久后，房价突然来了个突破，上升了大约百分之五十至百分之六十。这是很难得的，你的运气很好。"

董瑜欣慰地抬手轻轻拍了拍额头："我已经发现了，真是幸运。"

他见到她的样子不由得笑了出来："不光是运气吧，我相信你选这个地方绝不是偶然的。"

她从不怀疑他对她的了解。当初她选择买房的区域时，就是考虑到当地的房价已经很久没有突出表现。果然机会很快来了，快得大大出乎她的意料。

"没错，当然，眼光和运气缺一不可。"她承认。

"不愧是投资部出来的会计师。"许钢看着她由衷地赞叹。

她也看着他，会心地笑了笑。

"那你现在想不想将联排屋卖掉，换到房价没怎么涨的附近的区买间独立屋？"许钢试探着问她。

这就是他的来意了。她想了想，端起咖啡杯，和他碰了碰："你的这个主意不错，干杯！"

他替她售出了那套联排别墅。她并不打算收回马丁租着的别墅给自己住。马丁这样一等一的租客实在难得，她不想轻易失去。她也不想急匆匆地买房，许钢替她找合适的房子来租时，银珠却替她着急，她建议董瑜在重新买房子前，可以暂时和她挤一挤。"你何必多事临时租一套房来住，我那里你知道

的,老式的,房子大,书房可以当间卧室,你住我的房间,我去书房就可以了。"

"谢谢你的好意。多一个人住会给你们添不方便的,千万不要为我改变你们习惯了的生活。我还是先租一间房子住比较好。"银珠是诚心的,但董瑜还是委婉地谢绝了她的好意。

许钢赞同道:"你做得对,情愿自己辛苦些,或者多花点钱,不去麻烦别人才是最要紧的。正巧我手头有套单元刚空出来,小了点,但很干净,适合你过渡,你去看看,可以的话我马上帮你办手续。"

"你这样说,我不用看就知道可以。"

到了搬家那天,她将新旧两处的钥匙都交给许钢,自己在打烊后直接就回新居。

和许钢一起将家具摆到合适的位置上后,她叫的外卖也送到了。

"不知道没有你在我怎么办。今天将就吃点,我整理好东西,请你吃海鲜大餐作谢。"

他知道她说请他吃海鲜大餐,绝不是随意的玩笑话,那说明她已开始和他见外了,他宁愿被她随时随地无条件地差遣。而董瑜的想法正相反,有许钢在,她确实省心,几乎不用她做任何安排,他就会替她办好一切手续,但是,她不想让他感到她处处依赖他,她需要在他们之间保持些距离。

不久,董瑜就从搜索到的广告中选出一页来,那是一栋离海滩不远的别墅,离租给马丁的房子也不远。她邀他和她一起去看房。

许钢将车拐进一条小街,上坡缓缓而行,到坡顶时,董瑜轻轻道:"到了。"他将车停在路边。他站到院门口,就知道为什么一向镇定的她打电话给他时语调都和平日有些不同。

　　精致的白漆铁栏杆里,是一排高过头的各种树木,有几根树枝斜斜地从栏杆间隙里探了些出来,枝头上缀着几朵盛开的红色扶桑花。

　　许钢推开虚掩的铁门踏进院子。

　　只见一栋浅黄色的小楼静静地掩映在一片深深浅浅的绿色的树影里。楼的一侧是通向后院车库的笔直车道,楼前的草坪上有一条卵石铺就的小径,延伸到小楼另一边的一条夹弄,树荫下的夹弄沿着围绕小楼的绿草地一边通往后院,屋前的落地窗外是一个伸展在草地之上的被紫色的熏衣草花环绕着的白色露台。

　　许钢想象着和董瑜坐在露台上的圆桌前边喝茶边看书的情景,笑容情不自禁地浮现在脸上。

　　她不解地转头看着他,他也不解释,和她一起从房里到后院仔细地看了一遍。

　　整栋楼以毫不张扬的经典方式,给人一种华丽的印象,三间卧室,每间都有自己的特色,优雅的风格却又与外面的客厅饭厅浑然一体。推开后门踏入后院,更是一种别有洞天的感觉,那里除了花草树木,还有一个玻璃墙围成的阳光房,完全是一个享受的空间。

　　难怪!许钢马上明白为什么光凭照片董瑜便动了心。这房子初看只是普通的精巧,却在低调中蕴含着层层叠叠的精彩,带着些许怀旧又别有风韵,的确适合董瑜的性格。

　　"看房子和看人一样,第一眼的感觉很重要。"见许钢也认同自己的眼光,董瑜当即拍板按卖主的价钱买下了这栋房子。

　　董瑜选好搬去新居的日子,银珠提议,她该办个暖屋派对。董瑜立即说:"好,我有些时日没和大家热闹了,趁这次搬到新家,正好请大家来聚一聚。"

乔伊和尼克刚从欧洲回来,便到店里看望大家。

"乔,正赶上我家的暖屋派对!"董瑜邀请乔伊。

"派对!"乔伊立即兴奋起来,扑过去在董瑜脸颊上响亮地亲了一下,"太好了,我简直不能等了。"

辛迪犹豫地问董瑜:"我可以带和我合租房子的露露去你家吗?"

董瑜点头说:"当然可以。"

六

那天,受邀请的人除了许钢外陆续出现时,派对就热热闹闹地开始了。

董瑜将派对安排在屋后花园里那间自带厨房和小酒吧的阳光房,客人也可以在环绕着阳光房的露天花园里散步小坐,还能从一侧的卵石小径随意走到前院的草地。

高翙和凯丽是搭罗尼的车来的,和他们一起来的,还有一个看起来比他们这些人年龄要小好几岁的胖胖的女孩艾米莉。高翙大方地向董瑜介绍,那是他的女朋友。董瑜微笑着和她握了手。艾米莉似乎并不知道董瑜是高翙的前女友。

吉米和梅推着婴儿车进来,他们的小女儿见到这么多人逗她玩,开心得手舞足蹈。银珠的儿女带了游戏机来在一边玩,派对上有孩子们在,气氛总会更热闹几分。

凯丽将董瑜拉到一边,悄悄告诉她,艾米莉怀孕了。

"她自己还是个大孩子。"凯丽皱了皱眉头,她似乎并不喜欢艾米莉。

对于这个消息,董瑜倒有点吃惊。她将一盘刚做好的点心坯放进烤炉,让银珠留个心,自己拉了凯丽到花园里说话。

"她了解麦克吗?"她有点担心,艾米莉的眼神告诉她,那样的女孩不可能理解得了高翙。

凯丽摇头:"她和她妈妈是来澳洲探望她舅父的,她妈妈到处托人找个可以替她办居留身份的男人结婚,那样她们全家也可以跟着移民。她妈妈说,幸亏她找到的是麦克这样优秀的男生,而不是什么老头或歪瓜烂枣,真的是她的福气。"

"那麦克呢?他对艾米莉有感情吗?"

凯丽苦笑了一下,看着董瑜道:"也许他需要一个正常的家庭,好让他稳定下来。要说爱,我猜他只爱过两个人。"

董瑜突然有些伤感,自语般地说道:"不管爱不爱,只要结婚,他一定会对太太好的,艾米莉的确是个幸运的女孩。"

凯丽将手搭在董瑜肩头,轻轻摩挲了几下。两个年轻美丽的女人会心地相对笑了笑,一起回到厨房。

银珠和董瑜准备的食物让全体客人一起赞好。

"知道吗,莉莎?好的食物让派对成功了大半。"尼克大口吃着银珠做的春卷对董瑜说。"还有就是好的安排,这两点你都做得很好。"乔伊也在一边补上一句。

"幸亏有银珠帮忙,她是个很有生活经验的人,特别了解别人的需要。"董瑜不忘抓住机会在尼克面前夸银珠。

尼克一边连忙点头:"她确实是一个很好的女人。"一边看向银珠。

"也许她现在需要人帮手,去看看吧,尼克。"董瑜向尼克眨眨眼。乔伊会意地笑起来,尼克便往烤炉那边去了,不久又走回来,说凯丽在那里帮忙,他插不上手。

隔了不多会儿,董瑜注意到辛迪带来的露露端着杯香槟在和乔伊聊天。露露的长相是讨多数男人喜欢的一类,虽不算很美,笑起来却甜到有些发腻。每当乔伊毛茸茸的手不安分地偶

尔在露露身上碰一下,露露便有些轻佻地笑着拍打他一下。

董瑜端了盘点心走过去,半开玩笑地对乔伊说:"用你的手拿吃的。"乔伊有点尴尬,连忙拈起一个点心往嘴里送,一边让露露也吃。趁董瑜和露露说话,乔伊托辞走开。

门铃响了起来。董瑜走去开门,见是许钢独自出现在门外。她其实早猜到许钢的这个安排。她和银珠商量好,请一下玲达,来不来,由她自己决定。

许钢进门后,将手上捧着的一个小巧精致的橡木酒桶放在桌上:"恭喜乔迁!"她谢了他,他又从口袋里掏出一个包好的小盒递给她。董瑜握着精巧的小盒,轻声问:"可以看吗?""你一个人时再看,好吗?"许钢按住她的手,她将小盒收了起来。

再转头看时,董瑜见到露露和尼克在搭话。对于年轻的女孩,尼克能做的就是献上甜言蜜语,银珠在不远处只是不屑地摇头。露露却似乎对男人献上的殷勤很受用,不时开心地笑出声来。每当露露引得众人看她时,辛迪都会有些不好意思地偷偷看董瑜和银珠的反应,而董瑜只是端着杯柠檬水,面带微笑地将她的嬉笑看在眼里。

银珠就不同,闲下来后,便拉了辛迪到一边,埋怨她怎么带了这样一个人来,专黏着单身男人。

辛迪有些委屈:"她平时也不是这么过分,我和她住一起,觉得她人还算不错,不过她今天好像有点失常。"

正说着,乔伊将一个盛着热气腾腾的烤牛肉的大瓷盘端到中央的餐台上。众人欢呼着围拢来,乔伊负责将牛肉分到各人的盘子里。

辛迪的手机响了起来,她走到远些的地方听电话,起先声音低低的,说着说着几乎成了喊叫,众人不禁都看向她,她也

顾不到。"

辛迪喊叫般的声音戛然而止，对方似乎是突然挂断了电话。她愣了片刻，走到董瑜跟前，说道："莉莎，对不起，我想先走了，我现在一定要到赖恩的餐馆去。我们本来说好圣诞节一起去斯蒂芬港，但是刚才那女人在电话里叫我离他远点，他们圣诞节要一起去巴利岛度假。我不信她，我要直接去问赖恩，圣诞节到底和谁一起过？"

"辛迪，你觉得去问他就有用吗？应该找个更好的办法解决这事。"董瑜觉得辛迪的决定实在过于盲目，便劝她冷静下来。

"我打过电话了，赖恩不接手机，餐馆的电话我也打了，他们说他在忙，不能接电话。"辛迪气呼呼的。

"那你更不必去了。"董瑜不由得觉得辛迪简直在胡闹，用和平时完全不同的严厉目光看着辛迪。

这时，银珠也走来问发生了什么事。

"你疯了，辛迪！他躲着你，你还这样盯他？"银珠一听这事就生起气来，她直来直去的脾气让她忍不住抬高声音。

辛迪沉默了一会儿，还是决定要走。"露露，你留在这里还是跟我一块走？"她没忘露露是她带来的客人。

露露又和乔伊在一起说笑，听见辛迪叫她，走过来道："辛迪，我想继续享受这儿的气氛，再说，你去赖恩那里，我等会儿直接回家，和你不同路。"

辛迪恐怕被人拦住似的冲出门去。

露露欲言又止地看了看董瑜，想了想，还是说了出来："辛迪说过，赖恩是餐馆的老板，她如果能挤走路易丝和赖恩结婚，就可以做现成的老板娘，再也不用为别人打工了，所以她成天盯着赖恩。不过，我觉得赖恩只是想占她的便宜。"

银珠不禁摇头叹息道:"我当她真是陷入情网,原来是做忽然富贵的梦。"又对董瑜道,"连露露都看出来了,她自己就是不知道。"

董瑜对银珠道:"路是每个人自己走的,但愿她可以如愿以偿吧。"

不知什么时候起,许钢和高翊站在花园的小径那头聊了起来。察觉到董瑜正朝他们看着,许钢向她举了举手中的啤酒:"过来一起喝一点吗?"她走过去,许钢借着一丝酒劲,对高翊道:"知道吗?如果不是有你,我当初就会追求她。"他的眼眶竟然红起来。

高翊有点意外,却不知说什么好。"别开玩笑了,"董瑜岔开话题,问高翊道,"打算和艾米莉结婚了吗?"

"是的,我在等我父母办来澳洲的签证手续,他们要来参加我的婚礼。还有一个多月,到时候请你们都来参加婚礼,我改天会送上请柬的。"高翊竭力用平静的口吻说,似乎董瑜和他之间只是平常的老友。他们对视着,董瑜的眼里隐隐地有泪光。

许钢将这情形看在眼里,触景生情。自己和玲达结婚前,动不动就爱流泪的她是否也曾为自己哭泣过?

艾米莉招手将高翊叫了过去。许钢自言自语地说道:"事情怎么会成了这样?我实在想不通。"董瑜抬起头,仰望着暮色正缓缓降临的天空,长长地吐了口气:"是啊,有时我也郁闷,但是现实就是这样无情。"

乔伊似乎沉浸在露露向他展现的热情中,一直在那里和她谈笑风生。而尼克就一直在银珠周围转来转去,不停地帮着她做事。银珠对尼克笑道:"乔伊简直忘了年龄。"

众人尽兴后陆续告辞。银珠想留下帮董瑜清洁,董瑜让

她带孩子们回家早些休息,看看孩子们也的确瞌睡了,银珠只好同意,尼克便开车送他们。乔伊也和露露说好了开车送她回家。

七

屋里只剩下许钢和董瑜。

乔伊和尼克已经将玻璃房打扫了一遍。许钢找了条围裙戴上,动手将碗碟刀叉排入洗碗机,按了开关由它转。

见屋里大致整洁了,董瑜倒了两杯绿茶。

"记得那次从外地回我家吗?和现在的情形很像。"他有些伤感。

"都那么久了,我记不太清了。"每当他趋前时,她就开始往后退。

他无奈地转了话题:"你一个人,还可以吗?"她知道他想问的是什么。

"还好。"他知道她不会告诉他她有多孤单,因为他再也不能成为陪伴她的那个人。他又怎么能让她相信,如果她愿意,他可以用得到的一切去换回她。他曾经独自到波涛澎湃的海边,坐在岸边的礁石上绝望地在心里向她诉说:"我还是爱你!"而在她面前,他却只能表现得像一个相识多年的熟人,一个兄长般的朋友。

他站起来,走到她身边,将她拉近自己,她巧妙地推开了他,走过去播放一张碟片。"想跳舞吗?"他徒劳地想唤起她的回忆。

"我累了。"她轻轻地摇头拒绝。

"不早了,酒劲也该过去了,回家吧。"她催他。她的话音

刚落,他的手机就响起来了。他没有马上接。

"对你来说,我是不是已经成了多余的人?"他的神情是苦涩的。

"不要那样想,有缘在我生命里出现过的人都不会是多余的。"她伸手亲昵地为他将一绺垂到眼前的头发拨到耳边。他几乎想捉住她的手。

他的手机又响起来。"我正在开车。"他只快速地说了一句。她摆手向他道了别。

他从不曾怀疑她是个重感情的人,他认定她时刻都没有忘记过他们曾有过的默契。只是在她眼里,玲达无疑属于粗陋恶俗的一类人,这分类和贫富没有关系,而他竟然就和这样的女人结了婚,以她的清高,即使他现在和玲达离婚,她也不会接受他。即使他用心良苦,他们却一再错过,永远不能重新来过的痛苦噬啮着他的心。

目送他驾车离开,她返回屋里,打开他送给她的小盒。那是一枚用颇为昂贵的鸡血石刻的印章,用阴文篆体字刻着她的名字。她握住印章,眼睛湿了。他爱书法,曾花了不少功夫学会篆刻。上一次他给她的是一枚青田石印章,是以阳文的篆体字刻的她的名字。

八

董瑜家的派对之后不久,高翊和艾米莉在中餐馆宴请了亲朋至友,算是结婚仪式。

艾米莉的父母对女儿的婚姻不算十分满意,他们期望中的女婿应该在经济上再优越些,至少也该有自己的房子吧。但退而求其次,至少,艾米莉在留学签证未到期时,就找到有永居

身份的丈夫,也算是幸运。艾米莉有一位同学,为了留在澳洲,嫁了个已做祖父的鳏夫,高翊至少是才貌双全、从未结过婚的年轻人。艾米莉早年就在澳洲定居的舅父舅母更是庆幸,这个外甥女将来有丈夫可以依靠,不必和之前几年一样,再寄住在自己家。

董瑜收到请柬后,便曾约高翊见面。她将一个精巧的礼品盒交到高翊手里。那里面是一张两千澳元的储蓄卡。"恭喜你了。不要说我俗气,我觉得这样你方便些。"

高翊知道没办法推却,垂着头说:"我受之有愧。"

她听他这样说,心里还是有点苦涩的。"几时开始和我也说傻话?从中学到现在,我们做朋友的时间比谁都长,我已经当你是自己的弟弟。"

高翊的父母特地到澳洲来参加他的婚礼。直到婚宴的当天,他们还没能从高翊不是和董瑜结婚的遗憾里回过神。高妈妈紧紧抓住董瑜这个他们心目中理想的儿媳人选的胳膊,长吁短叹。董瑜拍着她的手背,安慰了她一番,扶她入了座。

九

马丁终于在许钢那里见到了董瑜。

"这是你的房东莉莎。"许钢向马丁介绍。

马丁有些吃惊:"我以为我的房东是位上了年纪的老太太,将早年攒下的家产出租,原来是这样一位年轻美丽的女士。"

马丁的肌肤晒成了古铜色,深色的卷发被梳理得纹丝不乱,熨烫得笔挺的浅灰色衬衫让他显得既精神又优雅。他脸上单纯安静的神情惊到了董瑜,她不由得多看了他一眼,这一眼,她看到了他灰蓝色的眼睛里淡淡的忧郁。

临走前，马丁向董瑜要了联系方法。当晚，他就给她发了电邮，还附了花园里时下正盛开着鲜花的照片。她知道他不是为了讨她欢喜，而是真的想和她分享他的乐趣。

那以后，马丁时不时会给她发电邮，话题无所不有。他们间从不提关于房子的事，一切由许钢操办。对他们彼此而言，只是多了一个纯粹的朋友。

马丁发了个邀请给董瑜："我种的新品种玫瑰第一次开花，不过照片里闻不到芬香，所以，我想请你星期天下午来喝茶赏花。"

董瑜作为客人出现在自己房子的大门口时，马丁迎了出来。他请她在花丛边的露台上坐下，去厨房端出鲑鱼三明治和榛仁蛋糕，又泡了两杯茶来。

从露台上看过去，院墙边大朵大朵的橙红色玫瑰在一片油亮亮的深绿色叶片衬托下，娇艳欲滴，空气中飘散着清甜馥郁的芬芳。

"美极了。谢谢你，让我没有错过这样的花季，"董瑜诚心地谢了马丁，又加了一句，"你今天很悠闲。"

"是的，我喜欢悠闲与舒适的节奏，工作以外，我尽一切可能让自己享受生活，"马丁一言道出他的标准，"知道吗？即使远在南半球，这栋房子让我有住在自己家里的感觉，温暖、自在。实在非常难得。"

为了这种家的感觉，他独自奢侈地租住一栋小楼，他的确懂得照顾自己，幸好，他也有殷厚的财力。董瑜这样想着，微微一笑。

"请原谅我的问题，"马丁说话小心翼翼，"你看来更像专业人士，在开餐馆之前，你是从事什么职业的？"

她并不直接回答："我不像一个开餐馆的人吗？"

"不是，比起那个身份，你身上多了些东西。"马丁看着她，似乎在鉴赏一件收藏品。

这个开最新版宝马五系车，发型时髦考究，身穿白色雪纺衬衣、灰蓝色丝质轻便西服、紧身黑帆布裤，足蹬黑羊皮短靴的中国女人，浑身上下透露着优雅与精致，没有一丝餐馆女老板通常有的老于世故的油滑市侩气。

"我曾经是一名会计师。只是对我来说，过去已经没有什么实际意义，我更看重的是现在和将来。会赚钱，会享受生活就好，不用在乎职业。"董瑜简单地一句带过。暂时并没有必要向马丁详细讲述她的故事。

"难怪。"马丁若有所思地点头。

他领着她在前后花园里继续展示他的园艺。

前院环绕着青翠草地的是玫瑰、绣球和薰衣草，院子的两个角落里各有几株参差的木香或素馨花树，草地中央点缀着一个白石的花盆，从院门外看就有清爽开阔的视线。他们穿过草地，从屋子一边的小拱门走去后院。

在屋子后的平台上有一张小小的圆桌和两张椅子，马丁说他常坐在那里喝着茶读写文件。董瑜站在平台边，一眼看去，树木高低错落，疏密有致，花树、果树皆有，碧绿的草地一边沿山势砌了几级台阶。她走过去，台阶边几个高高的白色的花盆里栽了观赏的草莓、红加仑和薄荷，走上台阶，左右各是一个花坛，分别种植了蔬菜和香料。

董瑜站在这样一个院子的一棵柠檬树下，恍若处身世外桃源。

回到屋里，马丁拿出一份请柬，是邀请他和女伴一起出席一个正式晚宴。

"你做我那晚的女伴可以吗？"马丁问道。

她想了想，问："没有别的比我合适的人选吗？"

马丁摇头道："我没别的女性朋友。"

原来他请她过来，还有这样一件事，她答应下来。

那晚，当马丁开着他的玛莎拉蒂到董瑜家门口时，董瑜穿着一袭酒红色晚礼服出现在台阶上，光彩照人。

马丁身上质地优良的西服也衬得他身形挺拔。

当他挽着她的手臂，以恰到好处的礼貌和迎面遇见的人们招呼寒暄时，她突然明白，他们才完全属于同一类人。身处生意场，他们可以轻轻松松地做到精明世故，一旦独处，他们便如避世的隐士般，在修炼中求得内心的安宁平和。

到了董瑜家门口，马丁下车为她打开车门，将她扶出车后，他轻轻托起她的脸，又轻轻地在她脸颊上吻了一下。她知道他不想失礼，那只是一个试探，她没有回避。但是一想到今后不知道如何相处，她的身体又不由得略略向后仰了仰。马丁立刻明白了她的意思，向后退了一步："很晚了，快进去吧，祝你做个好梦。"

高翊结婚不久，银珠和尼克也注册了。

银珠对尼克的追求曾有顾忌。"听说他们那里的人对男女之间的事很随便。"她指的是尼克的老家地中海沿岸那里。

董瑜连连摇头："哪里有千篇一律的人，你看不出来吗？尼克是个不错的人，也会是个顾家的好丈夫。"

银珠和尼克没有举行奢侈铺张的婚礼，只请了教会的人在尼克家的院子里办了简单的仪式。为人热情奔放的尼克，请了些老友街坊到家里庆祝。

这天在尼克家，乔伊告诉董瑜，露露常常给他发送短信，还曾经问过他，可不可以和她结婚。

"我这年纪应该不会再找女人了，即使找，也和尼克一样，

需要的是一个可以互相照顾的人，一个本分的女人，一个家庭主妇。露露太年轻了，而且，她根本不会爱上我，我想，她是有别的目的的。"乔伊明白这些女孩的心思，他不想占她们的便宜。

"你怎么回答的？"她问乔伊。

"我感谢了她，告诉她我这一生不会结婚了。"他没有说穿露露的目的。到了乔伊这个年龄的老派男人总是会给女人面子的。

幸好露露遇到的是乔伊。董瑜心想，她了解乔伊，他不会利用露露对他有所图而趁机占她便宜，辛迪遇到的赖恩就不同了。她对只见过一次的露露印象深刻，一个同胞为了达到目的，在男人跟前毫无底线的行为让她颇为反感。

"不过，乔伊，你对女人那么热情，她们会误解你的。"董瑜调侃地说，更多的意思是提醒乔伊不要误导了露露。

"我是男人，对所有女人总是亲切的，特别是漂亮女人，但是我知道分寸。"乔伊也半开玩笑地说。

✚

这天早上，辛迪没有来上班。董瑜拨了辛迪的电话，她却关机了。

银珠说，头天下午辛迪说过晚上要去找赖恩，也许整晚和他在一起，忘了工作的事了。

董瑜想，辛迪第二天来上班总会有个交代。但是她错了，一连两天辛迪都没有出现。她有些担心她出了什么意外，刚想打电话给辛迪问个究竟，却意外地接到赖恩的电话。

"莉莎，上次我一见到你，就知道你是个可靠的人。关于

辛迪的事,我想和你谈谈,也许只有你能帮她。"到了赖恩这样的年龄,多少有些社会经验,知道找可靠的人说事。

"好的,你现在有空过来的话,我在店里等你。"

赖恩很快就到了。他有点夸张地张开双手对董瑜道:"辛迪疯了,她快把我也弄疯了。"

他一口气喝了罐董瑜递给他的可乐,开始告诉董瑜事情的原委。原来,赖恩前两天向辛迪提出分手,辛迪却不肯,赖恩关了手机不接她的电话,也不见她,但是每天只要赖恩的餐馆开门,辛迪就坐在那里不走。

"她一直以为我是餐馆的老板,其实她不知道,我的女朋友路易丝才是真正的老板。辛迪这样做,我会有大麻烦的。"

董瑜皱了皱眉,想起露露告诉过她,说辛迪以为嫁给赖恩就可以做现成的老板娘。"辛迪到现在还是不知道这事,我指你女朋友是你餐馆老板的事?"

赖恩摇头道:"辛迪一直当我是老板,最近她想到我那里工作,我就告诉了她真相,她不相信,她认为我是在找借口,她要和我一起工作,那样就可以成天看住我,让我没机会找别的女人。"

"但是你说过很爱她,是这样的吗?"董瑜想听到赖恩肯定他对辛迪的态度。

"我对辛迪说过不少次的只是我喜欢她,那是一男一女在床上时说着制造气氛的话,她当真的了吗?有一件事她不明白,我不想丢了工作。再说,"赖恩对董瑜挤了挤眼,笑着继续说,"如果路易丝和我结婚,我就真的会成为餐馆的老板。不过,就算我和路易丝分手,也绝对不会和辛迪结婚,因为她什么也没有。莉莎,我相信她愿意听你的话,我想请你帮我劝告她,不要那么愚蠢了,好吗?"

董瑜皱起眉头，厌恶地看着这个形态丑陋的男人，冷冷一笑："你就这么自信，辛迪非要嫁给你吗？据我所知，辛迪是个要强好胜的女孩，也许她只想在这件事上赢路易丝，未必真的要和你结婚。"既然赖恩那么损辛迪，她这样说才能为辛迪挽回点面子。

"这样最好。请你告诉她，不要再到餐馆找我了。谢谢你的可口可乐，我要去上班了。祝你有美好的一天，拜拜。"

董瑜鄙夷地看着赖恩走出去。有些人，做着无耻的事或说着无耻的话的同时，竟能一点都不忽略礼貌。

辛迪的电话一直打不通，她只有先找银珠商量。

"辛迪没有把心思放在这份工作上，我看你真的不能再用她了，否则生意都会被拖累的，长痛不如短痛。唉，辛迪也好，露露也好，不知现在这些年轻的女孩怎么想的。"银珠摇头叹息。

近半夜时，董瑜被手机铃声吵醒。是辛迪。

"你为什么对赖恩说我不想和他结婚？你有什么权力管我的私事？"辛迪气势汹汹。

"辛迪……"董瑜一时不知说什么好，顿了顿，辛迪大声抢着说："我就是要和赖恩结婚，他说过他喜欢我。"

"辛迪，不要再做傻事了，相信我是在帮你。不管我在赖恩那里说什么话，都是为了你好。如果你责怪我，我无话可说，只能说终有一天你会理解我的。还有，我考虑了很久，从明天开始，你不用再来上班了。我很抱歉，明天我会把该付的钱划进你的账户。"董瑜很快冷静下来，开了灯从床上坐起来，心平气和地说。

"你这是炒我呀？"辛迪大叫起来，立刻又说，"炒就炒吧，你表面帮我，一到关键时候就拆我的台，我也不想为你这

种人做了,明天就把钱付给我,我等着花。"辛迪恶声恶气地说完,挂断了电话。

董瑜怔在那里,只觉得心口堵得慌,等缓过神,起身到厨房倒了杯水喝。那晚她彻夜未能再入睡,次日一见银珠,不吐不快,将前一晚的事和盘托出,心里才好过了些。

银珠最先想到的就是安慰她:"你不要生气,辛迪太不知好歹,为她这样的人生气不值得。"

董瑜点头道:"我也知道,但我心里就是郁闷,不能当没有事发生。不过,我会没事的。我们现在首要的是马上聘人。"

"我看凯丽这个女孩不错,上回在你家聊天时,她和我说过,现在的工作不稳定,她想另找工作。不如你问一下她,愿不愿意来顶替辛迪。"原来银珠早就多留了个心眼。

凯丽辞了原先的工作到了董瑜这里,三个来自不同地方、性格迥异的中国女人竟然成了好伙伴。

十一

凯丽告诉董瑜,高翊有了孩子后罗尼去了菲律宾度假,在那里遇到一个叫尼娜的女孩,将她带回澳洲同居了。凯丽在同学的生日派对上,结识了现在的男友杰克。

转眼快到 2004 年的元旦了。艾米莉和高翊的女儿克莱尔满月时高翊在酒楼订了筵席,请大家喝满月酒。除了老朋友,还多了杰克和尼娜。除了董瑜,所有的人都成双作对。

吉米刚接受了国内一家大型公司的聘请,要和梅回到中国去。在一片惊讶声过后,吉米冷静地开口道:"我慎重考虑过了,国内的职位适合我,我们准备回去过年。"

大家知道,吉米其实是做了一个理智的决定,只是即便了

解国内的发展速度神速,也鲜有人像吉米那样有勇气放弃现有的一切。

当董瑜接到安东尼的电话时,正是一天中最容易思念故人的午夜时分。

第二天一早,她就在店里见到了他。

"如果不是亲眼见到,我完全想象不出你做餐馆老板的样子。你做了这么一个决定,我为你感到骄傲。"他上前给了董瑜一个热烈的拥抱,"相信吗?我曾经在梦里听到你叫我的名字。"

她的双眼有些热,的确,她很多次在心里默念他的名字,难道真的有心灵感应的存在?她克制着不让眼泪涌上来。

"欢迎回来。"她看着他,发现他头顶略微少了些头发,还比以前胖了些,"你在旅行时一定吃了太多好东西,现在要做的第一件事,是做个健身计划。"

"食物和年龄都是我发胖的原因,我正打算开始节食健身。不管什么时候,你都知道我最需要的是什么。"对董瑜的调侃,安东尼并不生气,拍了拍略微有点凸起的腹部。

安东尼很快就在市中心的一家公司开始了新的工作。周一到周五,他似乎只专注于做自己的事,一到周六,就风雨无阻地到董瑜这里。他总是先喝着咖啡浏览一下当天报纸上自己感兴趣的版面,等喝完咖啡,便扎上围裙一本正经地开始充当店员。

"我正打算招一名周六上班的侍应,你总是做志愿者,还不如正式做这份周末工?"她半开玩笑,他却一口应承下来。

过了没多久,董瑜突然接到露露的电话。"莉莎,辛迪出事了。她被移民局抓走好几天了,刚才从拘留所打电话给我,说就快被送回国了。"

　　露露的话让董瑜吃惊不小，原来辛迪靠学习签证到了澳洲，为转成永久居留想尽办法，几个方案都在没有实质性的进展时就以失败告终。打周末工时，辛迪认识了赖恩，很快就上了赖恩的床。她以为和赖恩结婚会是一举两得的好事，死死缠住赖恩，要他和女朋友分手。赖恩却向她隐瞒了实情，直到他女朋友发现后，发出最后通牒，叫他赶辛迪出局。辛迪认为赖恩更喜欢的是自己，不肯轻易罢休，一再找赖恩，赖恩后来干脆不见她，连她的电话也不接。那天她到餐馆想找赖恩做最后一试，女老板恼火至极，打了电话报警。警察来后，发现她的有效签证刚刚过期，立刻将她交给了移民局。

　　董瑜无话可说。露露接着告诉董瑜，辛迪后悔没有听董瑜的话，早些放弃赖恩这根她以为的救命稻草另想办法，那样说不定还有其他机会。

　　辛迪的现状让董瑜慨叹。也许露露也是带着和辛迪一样的目的，才会对乔伊这样的单身男人大献殷勤。难道就为了借这样的婚姻获得留在国外的一纸签证吗？自己对赖恩说辛迪缠着他只是为了和路易丝争胜斗气那样的话，辛迪根本不能理解，那是为了维护她的尊严。难道一个人在一无所有时，就可以不顾尊严这两个字了吗？董瑜想象得出辛迪的无奈，却仍为她感到悲哀。

　　董瑜约了银珠，晚上到附近的夜总会小坐，和银珠说了这事。

　　银珠对这种事司空见惯："我见到不少这样的事。以前在香港，后来到澳洲，哪里都有女人靠婚姻得到身份，靠身体交换好处。别说女人了，男人也多的是。那时你想帮辛迪，可她还不知好歹，你就不用为她可惜了。"

　　董瑜无语，只有点头，却又被银珠的话引着想到许钢。她

惨淡地笑了笑。

银珠过去受了不少委屈，却在中年时遇到尼克这样在外热情随和、在内顾家体贴的男人，所有的不快如今尽能释怀。见到董瑜那样笑，她知道她心里有事，想开导她，却不知何处才是症结，眼看董瑜依然形单影只，她便不免暗自为她可惜。

有天打烊时，银珠忍不住对董瑜说："莉莎，你自己的婚姻大事也该想想了，周围华人和西人都有，就没有合适的吗？"

"银珠，缘分这东西是有讲究的，也许是我还没有遇到有缘人。"

一边的凯丽说道："银珠，我想莉莎自有她的标准。"

想来也是。董瑜对自己的感情生活讳莫如深，即便银珠留心观察，还是没能看出痕迹。银珠不得不相信在董瑜周围的这些男人中，还没有一个能真正赢得她的心的人。

第 四 章

一

2004年2月。

丁建城走到阳台上,探头朝街口方向张望。南半球夏末的阳光热烘烘地晒在身上。

周六的下午四周静悄悄的,街道两边宽阔的人行道浓荫密布却不见行人,街上只偶尔有车开过。

他刚查过地图,他现在住的地方离市中心有30公里。他试过步行到最近的超市,单程得花20分钟,即使到附近的街角小店也要走过三个街区。而他所在的这条街是条回旋路,平时除了居住在此的人,少有外来的人或车。

丁建城等了一会儿,正想回到屋里,却看到有辆亮铮铮的灰色汽车拐入街口,渐渐放慢车速,他想大概是许钢到了。

灰色宝马车在路边停稳后,从司机座那边下车的正是许钢。从另一边下车的是一个比许钢年轻十来岁、身材高挑的女子,他并不认识,便多看了一眼,却依稀地又觉得有点脸熟。应该是许钢的太太吧,他猜。

"许总!"他挥手示意,许钢正在查看门牌号码,听见丁建城的声音,抬头看见他,立即挥手。他飞快地下楼去迎接他们。

丁建城为他们拉开门时,许钢侧过身让那女子先走。她朝

许钢微微一笑,说了声"谢谢"。丁建城马上知道自己猜错了她的身份。

"你好!"丁建城朝她礼貌地点点头,她也微笑着回了一声。

许钢跟在她身后,朝丁建城伸出双手,他上前紧紧握住。

"小丁,没想到会在悉尼再见面!"许钢使劲拍了几下丁建城的肩膀。

"是啊,许总!能再见真是太好了。"

丁建城将他们引上楼,走进一个单元。客厅的角落里一张写字台前,坐着一个三十来岁的男人,丁建城向许钢介绍道:"那位是史蒂芬,我的房东。"又对史蒂芬道,"史蒂芬,这是我在国内公司的许总经理。"

那人将坐着的计算机椅转了点过来,坐着向许钢抬了抬手:"嗨。"

许钢不冷不热地看了他一眼,只略点了点头,就不再理睬他。

那人随即站起身,走到那位女子面前,自我介绍道:"你好,我是史蒂芬。"

她客套地对他点下头,说道:"你好,史蒂芬,我是莉莎。"见许钢和丁建城已在走道里等她,便和史蒂芬打了招呼,跟许钢他们走进里面的一间房。

许钢对她说:"你听说丁建城的名字也有好多年了,今天看到他本人了吧。"又向丁建城介绍道,"小丁,我的老朋友董瑜,在这里大家都称她莉莎,以前也是我们集团公司的,而且,她就是你在电子厂的前任。"

丁建城这才恍然大悟。

董瑜大方地伸手过去,丁建城便握住,看着她说:"董姐,

久闻你的大名。难怪我刚刚看你脸熟，我见过集体照，没想到竟然在澳洲遇到你。"

靠得近些，丁建城才发现，董瑜的双眼看上去线条柔和，但眼神中透着一股精明，却又不咄咄逼人，心里颇有好感，一下子想起她留下的工作笔记，刚上任时，那本条理清晰的工作笔记给了自己不少帮助，不觉对她又添了些亲切感。

"我也很高兴在悉尼见到你。"董瑜看着他答道。

丁建城一向能言善道，站在董瑜对面，一时却愣着不知说什么恰当，还是许钢让董瑜在房间里唯一的一张靠背椅上坐下，自己拉着丁建城坐在单人床的床沿上。

丁建城打量了许钢一番，说道："还是老样子。"

许钢指了指鬓角那里："白发都开始生出来了，四十岁了。"

寒暄了一会儿，许钢问起从前公司里同事的近况，丁建城便一一告诉他。许钢不住地点头，不时感叹几句，最后长长地呼了口气："几年的时间白驹过隙一晃而过啊！"

董瑜趁他们稍作停顿，不失时机地提醒许钢道："其他人的事以后再聊吧，来日方长，还是先谈谈小丁自己有什么打算吧。"

许钢忙拍拍前额，说道："我见到小丁，一下子想起以前，许多事不提起来就好像忘得一干二净，但是一说开去又好像昨天刚发生似的。"

丁建城将自己如何出国留学的经过简短地讲了一遍。

许钢听着，先是点头，后来却开始摇头，等丁建城说完，他便不以为然地说道："到国外留学镀金拿的学历有时的确帮得到忙，但人到了一定的高度，阅历比学历更有用。你不是已经在集团副总的职位上干得好好的吗？其他人读完再高的学历也未必坐得上那把交椅，你半途放弃，不是白白浪费了才华

吗？不知道你出来之前是否想到，你追求的东西也许并不能得到，而放弃的，却可能这辈子再不会重新得到。"

董瑜静静地听着，见许钢说着话，语气越来越严肃，便想打断他，他却继续说道："想当年，你到集团公司应聘电子厂的财务经理，也就是小董原来兼任的职位时，大学本科的学历没给你加多少分，我们看重的是你聪明，有头脑，其他六个正副经理中，有三个投你的票，另三个虽然对你的印象不错，但因为你当时太年轻，还是投了反对票，所以当时我那一票很关键。叫你等消息的那段时间，我考虑了几天。"

丁建城第一次听到他被录用背后的事，认真地托着腮听许钢说话。

许钢说这番话时，渐渐平静下来，转过脸看了董瑜一眼，迟疑了一下，转向丁建城："反正都过去了，告诉你也没问题。当时小董虽然已从公司辞职，我还是常见到她。我给她看了你的资料，问她，根据你的情况，是否能胜任这份工作，她说每一个人都不一样，从纸上看不出来，只有给你机会，才会有答案，我这才投了你一票。"

"我真不知道还有这段插曲！"丁建城说着转向董瑜向她道谢。

董瑜摆手道："不用谢我，这事都过去那么久了。"转头对许钢说，"能做下来靠的还是小丁自己的实力。"然后又回头看着丁建城道："当时许总自己已经有了主意，只是需要有人支持他而已。"

许钢笑着摇头道："我那时常找小董做参谋。"一边说着一边看着董瑜。

丁建城看着他们两人互相打趣，若有所思地点点头，又补充道："我只是觉得，现在国内的老总中，十有八九是工商管

理硕士,我的学历不够高,才想出国深造。"

许钢点点头说:"我懂你的想法,在国内就是这样,把学历看得太重。慢慢来,出国久了说不定想法会有一百八十度的改变。"

董瑜抬起手腕看了下表,许钢会意地看了她一眼,点点头说:"小丁,今天我做东,出去吃饭为你洗尘,走吧。"

丁建城说道:"你们来看我就行了,不要破费了。"

许钢也不和他多说,站起来拉着丁建城就走。丁建城知他诚心也就不再推辞。

董瑜看了看丁建城单薄的衬衣,提醒道:"晚上会很凉,带件外套吧。"

丁建城说:"我身体好,不怕冷。"

许钢忙在一旁说:"还是小董心细,别看这夏末白天跟大夏天没两样,早晚很凉的,别着了凉。"

丁建城听许钢这样说,便从旅行包里找出件夹克,提在手上,和史蒂芬说了声,跟着许钢他们一起下楼出门。

二

一路上,丁建城侧脸看着车窗外,只见路旁只有建筑物和树木不断掠过,却始终没见过一个行人。他有些奇怪地转头问坐在后排的董瑜:"我以为就我住的地方人少,怎么到处都看不到人?"

董瑜轻轻笑起来:"你很会观察,我刚来时,也有同感,和上海相比,反差太大了,现在反倒习惯了这里的宁静。"

正说话间,前方的高楼逐渐多了起来,路上行人也渐渐稠密。董瑜便对丁建城说:"快到市区了,市中心人还算多。"

许钢插话道:"时间还早,我们去歌剧院那里转转吧。"

董瑜赞同道:"好啊,小丁初来乍到,先看一眼歌剧院,这也是悉尼的象征。"

当姿态别具一格的歌剧院在夕阳下闪着金光映入眼中,丁建城感慨地叹道:"在画里、屏幕上看到无数次的歌剧院,今天终于亲眼见到了。"

许钢和董瑜都笑了起来。董瑜道:"你是说出来罢了,我猜每个人第一眼见到歌剧院时,都会这么想。"

许钢马上接上去说:"这点我很欣赏小丁,小伙子很直爽,为人真心,没什么花花点子。"

董瑜意味深长地看了丁建城一眼,却没说什么。

说话间,许钢将车在路边停妥,引着丁建城朝前步行,董瑜便跟在他们后面。许钢沿路顺便向丁建城介绍了些街边的建筑和店铺。

拐了几个弯后,丁建城见前方有一中国式的牌楼,心想这里应该就是悉尼的唐人街了。

三人在一家装修得古色古香的中国餐馆坐下。许钢说道:"今天我做东,点什么你们吃什么。"便先招呼侍应从鱼缸里捞出只硕大的龙虾来,又要了鲍鱼、螃蟹之类,交代了每件食材的烹法,这才对董瑜道:"从前在国内应酬,我和小丁是无肉不欢,不过今天不吃肉,我得请小丁吃出名的澳洲海鲜。"

丁建城忙说:"不好意思让你破费,随便叫些菜,我们聚聚就得了。"

董瑜对丁建城眨了下眼:"不用客气,今天难得重逢,许老板诚意请客,我都借你的光,领情就是了。"

丁建城听出了许钢的经济状况应该不错。三人边谈笑边吃,许钢忽然问道:"小丁,在澳洲还有熟人吗?"

丁建城犹豫了一下,模糊地答:"有,又没有。"

许钢有些纳闷:"这话我怎么听不懂。"

"有一个是我大学同学的朋友,以前只是听我同学提起过,这次他到机场接我时,才见第一面。我同学托他在我到达前替我租好的房子。"他犹豫了一下,又说,"还有一个,其实是我的女朋友,她先来澳洲,但我来之前一段时间,已经和她失去了联系,我来了一个星期了,到现在还没有她的消息。"

许钢很快地看了董瑜一眼,实际上他们是交换了一下眼神。

许钢道:"我在公司那会儿,没听你说过有女朋友。"

丁建城道:"那时是没有,我们认识了不过三年,你出来有五六年了吧。"

许钢问道:"明确关系了吗?"

丁建城直说道:"我们在一起住了两年多,直到她出国留学。刚才在家里,我还没机会说这事,其实我出来,一半也是为了她。"

许钢哦了一声,便刹住话,在那里沉思。

董瑜放下筷子,对丁建城说:"留学生的生活是不稳定的,可能会经常换住处,也许目前她不方便,等等吧,总会有消息的。"

见丁建城仍皱着眉,董瑜便为他斟了杯热茶。丁建城道了谢,端起杯喝了两口。

董瑜又道:"其实有时世界很小,在这里中国人虽多,但活动的圈子并不大,你需要的话,我们一起帮你打听。"

丁建城感激地看了董瑜一眼,黯然道:"只要她不是故意躲着我,就一定会来找我的。"

董瑜听他如此说,猜想他们间一定是出现了问题,正思忖

接下去怎么说话，许钢插上来道："小丁，你初来澳洲，有事不明白就找我。我比你早来这些年，知道的总要比你多些。只是我怕我忙起来分不开身，反倒误事，所以你也可以把事情告诉小董，她不是外人。"

许钢顿了顿，从西服口袋里掏出张名片，取下插在口袋里的笔，写了一串号码，又补充道："我和太太有一家地产公司，规模不大，主要是自己家人在做。小董开了家餐馆，我把她的号码写在我的名片上，你一拿出来，两个人的号码都有了。"

丁建城接过名片，放到皮夹里，有些好奇地问："你们都成老板了，在这里自己做生意的人很多吗？"

许钢摇了摇头："以后你会看到的。"

董瑜接过丁建城的话题道："人各有志，很多人并不想选择自己创业，因为不想太辛苦，也不想担当太多的责任。"

见丁建城有些迷惑不解，许钢说道："在这里做老板和国内完全不同，以后你会知道的。将来，你还会对'时间就是金钱'这话有更具体的理解。总之，有事就找我，如果我忙，就找小董。"

丁建城了解许钢为人实在，他不是会以忙做借口的人，他说忙，必定是真忙。自己和董瑜刚刚相识，许钢就让自己有事找她，他和董瑜的关系一定非比寻常。他从董瑜说的话，听出她是一个善解人意的人。

董瑜问了丁建城英文名字，他说出来时随便取了个叫彼得，许钢便让丁建城以后不要再称他许总了，叫他杰森就可以。

董瑜最早停下筷子，许钢和丁建城继续吃着，直到两人都称饱，董瑜便让侍应将剩余的菜用两个盒子装了，对许钢道："带回去吧，玲达明早就不用另外准备午餐了。"

董瑜提到玲达时，跟提起自己的某个家人并无分别，丁建城却瞥见许钢脸上有些不自在，丁建城便知道玲达是许钢太太的名字。

三个人走下饭店最后一级台阶时，夜风迎面吹来，丁建城不由得打了个冷战，赶紧把提着的外套穿上，回头看看董瑜，会心地笑了笑。

许钢乘兴建议到海边去走走，丁建城和董瑜都欣然赞同。

港湾里的海水在灯火的映照下闪耀着金色的粼光，沿岸高楼耸立，眼前的码头边停泊着一艘艘竖立着桅杆的白色游艇，有卖艺人在不远处弹唱，优美的嗓音随着吉他的和弦一阵阵飘来。海风冷冷的，却清新得让人忍不住想深深地呼吸。

面对旖旎迷人的夜色，丁建城却黯然地长叹了口气。他马上意识到自己有些失礼，就换了轻松的口气赞道："澳洲是个好地方！"

许钢轻轻拍了拍路边长椅的靠背，抬眼看着远处的灯火，一字一顿地说："是的，在这地方，你付出越多，就会得到越多。"

三

丁建城进屋时史蒂芬正在浴室洗澡，他打开自己的手提电脑上网。他做的第一件事，总是查看有没有电邮。没有新邮件。他想看到的其实只是从某个特定的地址发来的。从那封告诉她他已经拿到去澳洲留学的签证的邮件发出后，他只收到过姚露回复的简短的几句话，她和他约好在澳洲见。他想她不会粗心到忘掉问他什么时候到澳洲。她没有告诉他她的地址，他想也许她稍迟些会再发邮件，她却从此音讯全无。

他做了许多假设,却没有半点头绪。联系不上她,是他目前最无法解释的事。

他关上计算机,茫然地站在狭小的房间中央环顾四周。一张铁管单人床,一个合成板床头柜,一张旧木计算机桌,一把人造革折叠椅,一个塑料布简易衣柜。这些就是所有的家具了。他的旅行箱从床底露出半截,床尾还有一个硕大的旅行袋。

难道这里就是他所谓人生新阶段的起点?他长长地叹了口气。

他听到史蒂芬洗完澡走出浴室,便从简易橱里取出干净的换洗内衣,走出房间准备洗个淋浴后睡觉。

史蒂芬已经坐到计算机前,见他出来,便问:"彼得,你那朋友是干什么的,架子还挺大的?"

丁建城摇摇头:"他不是个有架子的人。不过他在上海时就是我们集团公司的总经理,现在又是地产公司的老板,总有些老板的样。"

史蒂芬眼睛一亮:"难怪。看来他对你是个有用的人,你有没有让他帮你找份工作?做地产的认识的人多。"

丁建城又摇头道:"我刚来,什么都还不清楚,先看看情况再说吧。"

他想起许钢让他有事还可以找董瑜。一个年轻力壮的男人,自己不试试就开口找一个还不太熟悉的女人帮忙,未免显得自己太无能。他不想轻易求人,三十多岁的人生,碰到的大大小小的问题他都能独自解决,除了和姚露的关系。

在他关上浴室门之前,史蒂芬还郑重其事地提醒他:你那搞地产的朋友,你最好保持联系。

丁建城将洗澡换下的衣服洗好,晾到阳台上后,史蒂芬还

坐在计算机前敲打键盘。他便直接回到房间躺到床上，他怕史蒂芬在他耳边唠叨。史蒂芬虽然精明，却现实到有些势利，他不喜欢那类人。不过他也不想在刚住下时，就因话不投机而和史蒂芬互生厌恶，最好的办法就是尽量避免交谈。

他枕着双手，愣愣地瞪着天花板。想到自己所放弃的，和为来澳洲所费的周折，他不由得问自己："为什么？"更令他无法释怀的，是他本为了姚露设法来到澳洲，现在竟然和她失去了联系，这让他感到自己的决定做得有些盲目草率。

四

他的家乡是个苏南小镇，在家乡读高中时，他的志愿是将来当一名英语教师。和多数乡镇的孩子不同，从第一堂英语课接触到英语这门语言，他就喜欢那种读音，他说不出特别的理由，后来才发现，读英语带给他的感觉有点像读中文古词。他中学时姐姐和姐夫曾带着他们的孩子和他一起到上海玩了一趟。意气风发的他决定考到上海读大学，将来回乡做一名英语教师。

当阴差阳错地被录取在上海Ｃ大学的财经专业时，他懊恼了几个月，但就在这几个月时间里，他对原先朦胧印象中的上海有了更多的认识，看多了高耸入云的高楼大厦和穿梭于大街小巷的俊男倩女，他越来越被这座都市的魅力吸引，他忽然觉得他从前的志愿其实是青涩少年的理想，自己的一只脚已然踏进这个都市，天地豁然开朗，眼界也随之拓宽，他不由得改变了初衷。他预感到在这个重要的国际金融中心，他将要掌握的专业知识可以给他插上翅膀，终有一天，他会展翅飞翔，那时他就会和这里的人一样高雅时尚。

他记得母亲从小就在他耳边一遍又一遍地唠叨,要想出人头地,就得比别人多花力气。于是,他从未想过为什么,就觉得出人头地是件天经地义的事,他该做的只是要比别人花更多的力气。似乎他那样做了,若干年后,出人头地就会顺理成章地成为事实。

他如饥似渴地学习理论知识,观察周围的一切,对所有发现冷静地加以思考,举一反三地推断。他决定毕业时无论如何要设法留在这个充满机会的地方。

出来读书,他手里没什么钱。只要拿得出本钱,他就可以和同学一起做点小生意,贴补生活开销。他在小镇工作的父母收入从来没高过,家里在经济上不能帮上他什么忙。靠同学介绍,他在假期里到一家证券公司做数据输入挣些钱。他还在学校附近的超市找了份理货的工作,收入不多却稳定,至少不再需要向家里要生活费。他一向节约,将日常开销的钱精打细算地安排好,多余的钱再少都存起来。

五

丁建城毕业时,为找到一份能得以在大上海落户的工作费了很大心机。他是幸运的,他得到了外滩 G 银行的营业部的一个职位。

这之前,许多现实的问题困扰过他。首先就是他在上海举目无亲,从大学的宿舍搬出来前,他必须先找好住处。刚进银行工作的收入对一个刚离开大学的单身年轻人虽然也算不错,但付完各项生活费,余不下多少钱,以那样的速度储蓄,离买属于自己的房子距离实在太遥远了。

他先是和别人合租一间旧城区里的老房子,上学时打工积

攒的那点钱刚够付租房的押金。合租虽可以节省些钱,却有诸多不便。工作了一段时间,手头宽裕些后,他再三比较了上班路程和房租价格,最后选定了一个最合理的临界点,在市区边缘的一个小区租了一套单卧室住房。即使那样,房租还是他的一大痛处。

毕业前,丁建城由学校推荐,去一个大型制造型贸易公司的财务部实习。因为心中有目标,他便处处做有心人,特别留意公司的操作细节。

也是凑巧,这家公司的财务经理是总经理最看重的一员干将,又素来喜好插手其他部门的事。丁建城跟着他实习,几个月下来,也就对公司营运的全过程有了些了解。

当时的丁建城觉得对自己而言,最有可能做的就是一名财务人员,那么他想要在企业里高人一头,必须有所凭借,他就必须和这位财务经理一样,得到领导信任,掌管企业财务大权。他感觉得到自己野心勃勃。

实习结束时他试图在公司谋个职位,却被告知财务部没有适合他的空缺。临走那天他整理办公桌时,在公司打扫卫生的他的同乡大姐告诉他,公司不留他,主要是他没有背景,也没有关系,还有就是经理不喜欢能力太强的人,嫌不好管。

意想不到的是,在他申请的几个职位中,他原先最不抱希望的G银行接受了他。他庆幸自己的运气实在不错。G银行在国际上名声显赫,能在履历表上写上在这样的金融机构工作过,绝对是件为自己加分的事。只是,银行里人才济济,他一个本科生不占任何优势,他的工作始终在一个位置上,做些无须动脑筋的类似数据输入的走流程的工作。时间一久,他便不甘心起来。他的内心从未满足于做一个银行小职员。他自信和同样职位的同事相比,自己尚有过人之处未能发挥,他从小想

要做到的就是出人头地。他开始尝试"跳槽"。

他经历了很多次失败的求职面试。最后，他在中浩公司的会议室见到了许钢等一众公司高层。那是一次令他特别忐忑的面试，因为他事先了解到中浩是个实力强大的集团公司，而他申请的职位是公司下属电子设备制造厂财务部经理。

他觉得自己对这份申请没什么把握，反倒轻松下来。当公司的人事部、财务部和投资部的经理们向他提出各种问题时，他冷静坦率、有条不紊地回答了他们。

他看得出他们对他的回答是满意的，从他们的眼神里，他发现了这点。

只是他学的是财经专业，他的工作经验也似乎和应聘的职位并不直接相关。他回忆起那段实习的经历，他补充告诉他们，他并非一点相关经验都没有，在实习时，他曾参与过制造企业财务部门的实际操作，知道整个工作程序，如果他得到中浩的这份工作，会尽力在最短的时间里上手，并且边工作边继续学习。

丁建城不会知道的是，应聘这个职位的人不少，其中多数为有丰富经验的老财务人员，但是因这个或那个原因，尚没有人能够留下来。在人选未能确定的时期，公司高层开会时采纳了许钢的建议，决定让董瑜去兼任那份工作，作为过渡。

董瑜原先并不被看好，即使是严宏和季平，对她也没有十分的把握。

董瑜刚到工厂工作时，确实也觉得有些力不从心。原先的财务人员对她采取的是阳奉阴违的态度，她感觉得到。她明白这是因为他们知道她只是临时的顶头上司。还有，总公司不考虑从厂里有资历的老员工中提拔科长，反倒宁愿派临时人员空降管理，令他们心里不服气。

只要他们怀着这样的情绪,她就无从知晓他们局部和整体的关系,她能做的就是将情况反映给章斌,自己定下心来抓起日常的工作。

好在见她是个实干的人,那些下属渐渐心服口服。一段时间后,她的工作顺利起来。有她驻扎在工厂,公司对工厂财务的掌握就实实在在。

参与面试丁建城的人员对他的评语褒贬皆有,不过绝大多数是正面的,没有被说穿的一点是他太年轻,而且没有一个可靠的推荐人。他的数据袋被许钢放到桌上。许钢有意无意地耽搁了几天,直到他和董瑜谈话之后,丁建城才带点戏剧性地得到了那份工作。

丁建城的新工作开头不免艰难。好在他聪明且勤快,又肯花时间现学现做,渐渐也就习惯了。丁建城发现在工厂和人相处,比在银行要简单。他性格直爽,心思却细腻,处理事情简单明了又考虑周全,时间久了,他在厂里也可算是如鱼得水。

从读大学起,在异乡孤单地生活,他却未遇到过让他心动的女孩。工作了几年之后,他遇到了姚露。他们属于一见钟情。她在他租住的居民小区的一家理发店替人洗头,他第一次去那里理发时就注意到了她。那店里有三个做帮手的女孩子,单从模样看,就知道她们不是当地人,但在她们当中,姚露显出了与众不同的样子,她长着张甜甜的圆脸,丁建城觉得她看他的眼神特别灵活。后来姚露也对丁建城说,她一眼就发现他带有几分冷傲的英俊,与众不同。

他觉得有义务照顾和他一样孤身到都市追寻梦想的姚露。他要她辞去理发店的工作,搬出和她一起工作的女孩们合租的近郊农舍,住进他独租的公寓里。

以前他平时晚上没时间做饭菜,便和出租屋附近一条弄堂

口的小饭店老板娘说定,如果他打电话去,就帮他准备好饭菜,他在那儿吃完饭再回家,省了事和时间。不过那也是一笔不小的开销。

姚露顾家,平时舍不得出去吃饭。她每天买菜做饭,两个人生活,他的开销反倒省下不少。丁建城想起他母亲讲的田螺姑娘的故事,便在姚露洗碗时从后面抱住她说她是他的田螺姑娘。

"你到上海这些年,还这么土!"姚露先是笑他,又认真起来,转身看着他说,"我不在乎我们登不登记,也不在乎你钱多钱少,一个人在外,有你这样一个不错的男人陪着,我什么都愿意做。"

丁建城被姚露的话感动了,他享受起两个人的小日子,原先一直占据着他头脑的想要出人头地的愿望也不如以往那么迫切了。

他问过姚露,想不想念以前在一起的那些小姐妹,姚露坚决地摇头,说她们都是些目光短浅的人,她其实和她们合不来。再说女孩们在一起,总会有矛盾,言语行动之间往往充满了嫉妒,在一起工作时,也不免为了些许利益相互挤兑,所以每天热闹却并不开心,她不屑与她们为伍。

发薪水那天,丁建城从提款机上取了些钱,当生活费交给姚露,她接过去后却有些不快。他看着她问:"怎么了?是不是不够?"

她摇头:"不是。我不想这么年轻就待在家里做家庭妇女。"

"你暂时还没有其他的技能,先看看再说吧。"丁建城不希望她做洗头这个工作。

姚露说原来有几个同乡的小姐妹,可以和她们来往一下看看有什么机会,便偶尔到她们那里串串门。

一天,姚露等丁建城回家后,试探着问丁建城是否可以拿些钱出来买股票。丁建城有些吃惊,像姚露这样的女孩竟也动了炒股票的念头。他思忖了一下说,自己的钱并不多,经不起做这种事的风险,姚露就没再提起。

不久,姚露和丁建城商量,说她新结识的一个同乡吴萍为了方便办出国手续,需要在上海待些日子,他们是否可以留她在家里住。丁建城听时间不是太久,便答应了。他不曾想到,吴萍却在这段时间里鼓动姚露和她一起出国留学。

姚露是在办妥了到澳洲的学习美容美发课程的入学手续后,才告诉丁建城的,她需要更多的钱付学费。

丁建城感到突然,对姚露瞒着他办这件事,他生气至极,但她打定主意不再回头的态度让他无法劝说,只能强压下怒火,不去和她辩理。

姚露安慰他说,自己的理想就是学好手艺,回国开一家美发美容院,等攒起足够的钱就可以实现自己的理想了。他想那样也好,总比她现在什么也没有强,便从自己的积蓄里为她付了学费。

姚露的签证很快就下来了,她建议在她学习期间,他也可以去留学,以后他们再一起回国。他将姚露送到候机室门口时,姚露再次嘱咐他,早点办手续到澳洲留学。

当时他虽然答应了她,内心却固执地觉得,他不可能离开上海。他暗想,反正她只要两年就可以回国,他们的分别只是暂时的,中间,他也许会设法去看望她,或者,他会为她买假期里回国的机票。

但是,她独自跑到一个语言不同的地方,他又为她担忧。他不知道她会住在哪里,吃不吃得惯那里的食物,和什么人一起读书,这样想着,他越来越有惴惴不安的感觉。很快,他的

内心就动摇了。他开始收集关于澳大利亚的资料——学习、工作和衣食住行。

也许姚露是对的。考上一个好大学，找到一份好工作，在上海落下脚，这些曾让丁建城感到心满意足，但这样就算出人头地了吗？他不得不承认，姚露追求远大前程的魄力超越了他，他为自己的这份小男人胸怀感到羞愧。

六

丁建城在单人床上躺下，眼睛望着天花板，不知为什么，他想起了董瑜。白天从许钢那里，他第一次听到，原来董瑜早就知道自己。

刚才吃饭时，他曾抬眼去看董瑜，三十岁出头的女人有种从容不迫的淡定，她的脸颊因饮了些酒而有些绯红，又多了几分娇柔，当时他心里动了一动，却立即责备自己，初次见面，连人家什么状况都不清楚，再说姚露也没联系上，还有心情胡思乱想。不过他还是忍不住回想下午的每个情景。

他想起在上海时，公司很多人都知道，许钢自己原先并没有什么强硬的背景，只不过是下属单位一个普通办公室干部。集团公司总裁李杨就不同，他的父亲是经历过长征的老干部，在政府担任重职。李杨的妹妹李桦看上了许钢后，许钢作为李杨的准妹夫，平步青云登上公司总经理的职位。但是丁建城也听到过不少流言，传说中，许钢有个红颜知己，他将她安插到集团公司担任要职，那女的因工作出色身兼几职，后来却涉嫌在资金方面违规操作，被李杨发现。因顾及牵涉到其他重要人物和公司名声，公司没有追究法律责任，不过那个女的被迫从公司辞职，不久就出国了。许钢和李桦办了结婚仪式后没两三

年也神秘地出了国,后来又和李桦离了婚。将这一切串联起来,董瑜应该就是那个和许钢有关的女人。

章斌曾向丁建城透露过,许钢从国外打电话到公司来要求出具证明,他需要那些证明来办理离婚手续。因是私事,章斌不便多说,丁建城当时也并没怎么在意。但看到了董瑜,他脑海中那些关于许钢的记忆、传闻和流短蜚长,不管真真假假,就都一段一段跳出来了。只要那些风言风语不完全是无中生有,而董瑜又是许钢的所谓红颜知己,这故事无非又是个不爱江山爱美人的例子。

他又有些不解。许钢和董瑜既已来到澳洲,生活在自由的空间,却并没有在一起,玲达才是许钢现任的妻子。他想起许钢的话,自己所追求的东西未必能得到,而因为追求而放弃的东西却再也不能重得。

许钢出国后,李杨提拔起来的另一个助手正是丁建城。丁建城到公司汇报工作时,李杨发现他会是一个在管理职位上的好人选,但未必适合在工厂具体操作。丁建城很快被破格从电子厂提拔到集团公司投资部担任副经理。许钢出国后,集团副总经理章斌转了正,而丁建城就被提到了高层中,接过章斌副总经理的职位。

严宏和季平两人还在各自的部门做经理。提拔丁建城时,两人都闹了些情绪,好在他们也知道适可而止。公司的人们议论说,副总的职位只有一个,上面对严宏和季平无法取舍,丁建城才捡了便宜。

在国内时,看起来是他负担了和姚露两个人全部的生活开销,其实他知道他沾了姚露的光。和都市女孩不同,姚露在生活上很是节俭。她用的一支口红是迪奥的外壳,那是在理发店时客人用完后留在店里的,她收起来后将廉价唇膏装进去,那

样在姐妹们那里不输面子,还省了钱。她说钱得用在刀口上。单从想方设法为他省钱这点上,丁建城就相信姚露是铁了心跟自己过下去的。因此,姚露有限的积蓄不够付出国的费用时,他毫不犹豫地用自己的存款替她付了学费。只是这样,在办完自己的留学手续后,他的存款所剩无几。

　　丁建城意识到自己想得多了点,他揉了揉因喝酒后吹了风而有些痛的太阳穴,决定先不去做无谓的猜测,他得为眼前的生活做个安排,既要负担在澳洲的生活开支,也必须储起钱支付以后的学费,他迫切地需要在学习之余找份工作。在现实无情的逼迫下,他没有退路。

七

　　那天吃饭时,许钢问过他,是否打算找份课余的工作,他说那是肯定的,但要等开学之后才知道时间安排,许钢便让他定下来后找他或董瑜,不过他需要事先考虑好在澳洲自己可以做点什么。他觉得没什么头绪,便想改天问问史蒂芬。

　　史蒂芬的话让他有些沮丧。他劝他不用想什么正规的专业工作,因为必需的澳洲学历、澳洲经验及澳洲身份,他什么都没有。"你看看我就知道了,在国内也算个名牌大学的毕业生,在澳洲谁认?"

　　之前史蒂芬就说过,虽然他已经拿到了永久居留的签证,但仍没找到理想的工作。现在他同时打着几份散工,白天为工厂送货,晚上在餐馆做侍应,周末在折扣店做店员。

　　虽然史蒂芬的收入加起来还不错,丁建城却有些不甘心去找这样的一些工作。他悄悄地按报纸上一些公司的广告发了好几个求职的电邮,至少一半石沉大海。陆续收到的回复,也无

一例外地用礼貌但冰冷的词句回绝了他。这时,他才明白了史蒂芬的规劝。

他本来就不多的存款几乎见底。史蒂芬一定猜得到他的境况,在接过丁建城交给他的房租时,对他道:"兄弟,坐吃山空啊,至少得把房钱挣出来吧。"

这话戳中了丁建城的痛处。丁建城黯然叹息一声,自语似的问:"龙困浅滩呀!我能做点什么事?"

史蒂芬用带着一丝讥诮的口气反问道:"你年纪轻轻的,有什么事不能做?你以为那些在餐馆刷碗的留学生都是愿意的吗?大家都是书生,是来读书深造的,但问题是先要养活自己。为了生活就得做事,做得了什么就做什么,眼高手低有用吗?这里不讲究你做什么,只讲究你有什么。再说这里打工拿的是时薪,愿意做一个小时工,就有一个小时的报酬。"史蒂芬接着道:"你托一下上次来的两个朋友,看他们能不能帮上你的忙。"

丁建城摇头道:"除了坐办公室,我没任何手艺,现在什么也干不了。现在托人家,岂不是让人家为难?"

史蒂芬赞同地说道:"你的想法有道理,人是得知趣些。这里没人会白付一份工资给做不了事的人,亲儿子都不行。不过你也不必太介意。试一下,不成功的话你没有损失,但如果成功了,你的目的也达到了。这是典型的澳洲做法。"

丁建城苦笑着:"我不习惯这样做。"

"那我帮你问问。开口饭你暂时是吃不了的,重体力活也不可能干,轻体力活应该还可以,你不会介意做粗活吧?再跟你说一遍,在这里工作不分高下,不用担心地位,人人平等。"

丁建城觉得史蒂芬的话实在,频频点头,说只要自己做得

了的，不会介意做什么。

话虽如此，丁建城却仍未死心。他还天天在报纸广告上画圈打钩时，史蒂芬替他介绍了份在附近的食街上一家餐厅打杂的活。

"那餐厅的老板是我叔叔的朋友，换了别人还很难觅到那样的工作。"

临去上班前，丁建城有些紧张，他问史蒂芬他将会做些什么事，史蒂芬说："除了别人不做的，只要是活，什么都得做。"

事情真的如史蒂芬说的那样。从进门的那刻起，他就开始不停地做事。从开门前的准备工作，到营业时间内，收拾桌上的残羹剩饭、杯盘刀叉，洗碗，择菜；到打烊前，收拾打扫厨房，清洁垃圾箱，几个小时忙个不停。那是条生意红火的食街，餐厅客人不断。开头的一段时间，他每天做得汗流浃背，到下班时，几乎精疲力竭。

看他对厨房英语的反应极度迟钝，在后厨做帮工的菲律宾人卡力托时不时给他出点难题，好在主厨亨利常替他解围。亨利早年从中国香港移民到澳洲，会讲少许夹广东腔的普通话，凡是丁建城不甚明白的厨房专用俚语俗话，亨利便会解释给他听。西人厨师肖恩是个急性子，常常莫名其妙地训斥他，卡力托便在边上跟着肖恩火上浇油，好几回他差点拂袖而去，都让亨利劝住了。

他给董瑜打电话时讲到了亨利，董瑜让他买件礼物向亨利表示一下谢意。他问什么价格的礼物才算妥当。董瑜道："像亨利这样的人并不在乎礼物的价格，只要你让他感到你有感激之情，就足够了。"

发了薪水后他买了瓶红酒送给亨利。

隔天晚上亨利没有像往常一样下了班就急着回家，他端了事先盛好的一大盘凉菜，到隔壁酒吧买了两杯啤酒，让丁建城和他一起坐下吃点宵夜。

"彼得，我知道你是读书人，从前是高级白领，肯定不习惯这里。但你既然为了一个目的来了，就不要做回头的打算，没有退路，才会逼着自己往前。"

亨利喝着啤酒，接着说道："我以前在中国香港是时装设计师，到了澳洲，没有人认可我的资格，自己做生意又没本钱，家里老婆和孩子们要生活，我只有一边到厨房帮手，一边到外面学正规的厨艺，十几年，才做到大厨的位子。"

那晚淋浴时，丁建城闭上眼，让热水从头爽快地流。他决定先把这份工作做下去，毕竟他用这份收入支付房租和其他开销外，还有剩余，他必须存起来付以后的学费。好在餐厅的工作是在晚上，不耽误他读书，而且那里接触的人广，可以学到不少东西。

在逐渐习惯了那份工作、作息有了规律后，丁建城也就不觉得太累了。

八

姚露依然没有音讯。丁建城渐渐地减少了查看电邮的次数。有时第二天还要上课，晚上回家后也不上网，冲个澡就直接睡下了。许钢给他打过电话，知道他的情况，说先那样也不错。

有天晚上他回到家，史蒂芬将一大箱东西捧给他，告诉他，白天莉莎来电话找他，又亲自来了一趟，给他送了盏可以调节光亮的台灯、一台多用途的计算机打印机，还有电水壶、

羊毛被和一些便于储存的食物。那些对他来讲都是雪中送炭的东西，她和许钢去看他的那天一定留意过。

他打电话去谢她，她只匆匆说那些是她多余的，他用得着那就最好，他听得出她正忙着，便忙说了再见，便挂了电话。他想去她那里看看，却发现没有留过她的地址。再拿起电话又怕赶上她不方便的时候，犹犹豫豫地，拿不定个主意，就拖着没和她联系。

丁建城眼看着到澳洲已经八九个月，估计姚露是刻意要避开他了。他只能想也许她遇到了另外的人，下决心和他分手，在他只能认为自己已被抛弃时，却出乎意料地收到了姚露的电邮。他当即打通了她的手机。

不等他问，她便急着向他解释，她没有计算机，不方便上网，还忘了邮箱密码，直到找出一个备用的笔记本，才找到记在上面的密码。她还告诉他，她从一对中国夫妇那里分租了一个房间，没有正式的租约，所以随时可以搬出来住。丁建城和史蒂芬商量了一下，史蒂芬同意了让姚露搬到他们这里和丁建城合租，但加了他一半的租金。

丁建城有些飘在云端的感觉，他和姚露竟然就这样在悉尼重逢了。从姚露那里，丁建城还得知，吴萍嫁了个六十多岁的澳洲男人，生了一个孩子，刚办成移民手续，老公却因心脏病发作，猝死在床上。

第 五 章

一

周六上午,"海伦娜"的生意格外忙。一名女招待辞了工作回家生产,安东尼的出现实在是帮了董瑜的大忙,他成了她每周六最得力的帮手。

安东尼向董瑜问起高翊。

"他已经是别人的丈夫了。"董瑜淡淡地告诉他。

他有些许意外:"为什么不早点告诉我?"

她苦笑了一下,摇头不语。

他伸手摩挲了几下她的头发:"晚上一起吃饭吧。"

她犹豫了一下,还是推辞了:"下次吧。"

"好的。"他不想表现得太迫切。他离开得太久,不知道她是不是已经有了新的男朋友,而且,他们间原先的默契似乎已经消失,他想先花时间找回那种感觉。

只是当她几次推了他的邀请后,他开始有些心灰意冷。她感觉到了这点。再推托的话,无异于告诉他,他们之间已经没有了可能,可她明明对他是有一点感觉的。

他再一次约她时,她答应了下来,她想看看事情会如何发展。

这是安东尼回来后,他们第一次约会。一起吃过晚餐后,他们去看了场电影。他将她送到家门口,她匆匆告别。进门之后,她却又后悔,怕自己的慢热会让安东尼越发感觉没有

把握。

周日的早上,董瑜正坐在沙发上看电视新闻,手机铃声响了起来。

"你好。"是丁建城的声音。

她给他打过几个电话,问问他的情况,如学习是否紧张,工作还习惯吗,住得怎样,女朋友那里有消息吗,诸如此类,他也问过她有些事该怎么处理,但是他们住的地方隔得不近,两人平日的作息时间也不同,他们一直没有再见面。

丁建城的这个电话让董瑜有些意外,他说他刚和女朋友联系上,现在她已经搬到他那里住,他打电话正是为了告诉董瑜这事。

"那太好了,真是好事多磨。"她由衷地为他们高兴。

"我想请你和许总来我们这里坐坐,我们到外面吃顿饭,我来之后还没请过你们。"丁建城诚意地说道。

她沉吟了一下,婉转地说:"你和女朋友重逢是件好事,应该庆祝。我们过去看看就可以了,不用到外面吃饭,你的好意我心领了。"

丁建城还想坚持一下,董瑜笑着用开玩笑的口吻道:"你想,从现在的状况看,许老板会让你请客吗?最后一定还是由他付账。"

他想那倒也是,想了一下又说:"那你们过来坐坐,让我女朋友做些家常菜,在家吃饭吧。"

她说那样倒可以,让他不用准备太多,她会做两个菜带去,点心也由她包了。

丁建城又约了许钢,和他们说定周六晚上去丁建城家聚一聚。

董瑜和许钢到那里时,史蒂芬热情地起身请他们在客厅

里坐。

"姚露,来见见许总和董姐吧!"丁建城朝厨房那里招呼道。

一个将头发盘在头顶的年轻女人走出来。

董瑜笑盈盈地正想看看丁建城那位千呼万唤才出现的女友究竟怎样,一转身,脸上的表情却突然凝固了,那个人竟然是露露,而露露也吃惊地看着董瑜。

董瑜缓过神来,刚想叫出露露的名字,露露的反应却阻止了她,在瞬间的慌乱后,姚露做出好像第一次见到一个期盼已久的人似的欣喜表情:"董姐你好,彼得老和我说起你。"

董瑜点头说:"你好!"

姚露又转向许钢:"您好,许总!"

许钢也愣在那里。董瑜忙用手肘轻轻碰了碰他,许钢马上回道:"你好,小姚。"

董瑜提起带来的一大袋菜,跟着姚露走进厨房,安排了一下后,回到客厅。许钢立刻用眼睛向董瑜提问,董瑜知道他想说什么,用眼神做了肯定,脸上却不露声色。

丁建城一点都没察觉到异常,只顾着和他们说话,话题无非是些关于他现在的课程和平日的衣食起居。这次和姚露的重遇,似乎并没给他的生活带来什么显著的变化。

许钢问起丁建城打工的事,他担心他放不下在上海时令人羡慕的经历,对基本上靠体力的工作会感到别扭。

"我感觉还不错,那儿的环境能增长不少社会经验,多数人很友好,英语练得也多,又不怎么累,钱也过得去。"他一口气将自己对手头这份工作满意的地方都说了出来。

"你这样想就好,最没用的就是眼高手低,愤世嫉俗,到时一点钱也赚不回家。"

"是啊,在这里工作没什么贵贱之分,用自己的工作换取

报酬,很公平。"董瑜也在边上补上一句。

史蒂芬在边上见插不上话,便去了自己的房间。

姚露端了个塑料的盘子出来:"挺不好意思的,家里没有像样的餐具,我们平时就是胡乱对付的。"

董瑜看了看桌上盛菜的盘子,果然大小颜色质地都不一样。她笑着对姚露摆摆手:"不管这些了,能派上用场就好。你也别再做什么了,坐下来和大家一起吃吧。"

许钢也说:"自己人吃饭,没那些讲究。"

姚露便说叫上史蒂芬吧,丁建城那份工作都是他介绍的。

董瑜赞同道:"应该的,大家一起吃热闹些。"

史蒂芬很乐意地加入了他们,比起他们初次见到他,史蒂芬似乎友善不少。

两个女人的手艺都不错,董瑜带来的是拿手的佐酒凉菜,姚露做的又恰好是下饭的家常菜,配合得刚刚好。

晚饭持续了颇久,直到晚上十一点钟,各人虽意犹未尽,却也怕扰了邻居的清静,董瑜和许钢起身和丁建城他们道了别。

坐进车里,许钢不由得拍了拍前额:"我的天,真有这么巧的事吗?"

董瑜也仰靠在椅背上,连连摇头:"我也不敢相信。"

"看来原先姚露是故意不见小丁的。"许钢用揣测的口气说道。

"也许她有难言之隐。不过现在好了,小丁最大的问题解决了,今后他们好好过就好了。"

二

周六上午,安东尼准时出现在"海伦娜"。和董瑜打过招

呼,他便戴上围裙,开始忙进忙出。

"我真希望你是老板。"一对挑剔的母女笑着和安东尼道别后,董瑜诚恳地说道。那样,她至少可以有个稳重如山的男人可以依靠。对于安东尼处理各种状况的本事,她是佩服到家了。

只是,当董瑜开始表现出对安东尼的依赖时,他却变得忽冷忽热,不像早些时候一样,每个周末都试图约她。隔几个星期,他们才会在一起吃顿饭。

对成年人而言,这样若即若离的关系经不起时间的消耗。她想主动些,却难以预料他们究竟会走到哪一步。假如不会有结果,又何须陷得太深?每次这样一想,她便会打消约他的念头。总是安东尼先开口,他既约了,她就不推托。

看着安东尼深邃得谜一样的眼睛,董瑜有些忐忑不安,但是,要发生的事情还是会发生。

一场演唱会后,安东尼直接将车停到了她家的车道上。他伸手过去,握住她的手轻轻抚摸,见她侧脸看着他,他倾过身吻了她。

从有些女人身上,董瑜看得到她们的妩媚,却不知那种无法形容的韵味从何而来,而安东尼似乎正渐渐地将她身体里的一种神奇的感觉激发出来。从镜子里,她发现自己身上也开始有了那种妩媚。难怪安东尼第一次见到高翊便已有胜券在握的自信,她想他那样的情场高手,一定知道高翊带给自己的感受远远不够。

安东尼喜欢拉董瑜在厨房和他一起准备晚餐,而她,情愿站在一边看他动手。这是她期盼的和安东尼在一起的另一面,除了身体水乳交融的接触,他们间还有的是与家人相处般的舒适轻松。她假设起和安东尼结婚的结果。不知为什么,她还是

无法确定他们是否会走到那一步。她隐约感到激情之外，他们之间还缺了些东西。

他们约会的频率不高。她生起安东尼的闷气来，开始像一个吃醋的小女人一样猜测她只是安东尼的情人之一。

她的不满终于在一次安东尼开车送她从他家出来时按捺不住，但她不会发脾气，只是任事先设想好的各种提问的方式在她脑子里翻滚，最后，她用尽量轻松的口吻，调侃似的问安东尼："有时候你不接我的电话，是因为有另外一个女人在旁边吧？"

她立刻知道，不管用什么态度、什么语气来问这个问题，她都已按下了一个触碰不得的按钮。安东尼的眉头皱拢来，神色变得无比冷峻。

他抽回放在董瑜手背上的左手："莉莎，我是个正常的男人，需要有女人做伴，但是我不想被女人绑住，失去自由。我喜欢和你在一起，只不过请你不要对我认真，更不要爱上我，所以不要在乎我是否还有别的女人，我只希望你明白，在我心里你很重要，这就够了。如果你经历过我在离婚前后的几年里地狱般的日子，你也不会轻易再爱，最好不要期待和我结婚，如果你有这个想法的话。我好不容易才逃出上一段错误，我不想再次放弃自由。"

说完这番话，他转过脸冷冷地看了她一眼。他的语气在她听来，与向对手下一道最后通牒无异。她的心顿时沉了下去。

那天安东尼没有和往常一样下车和她吻别，只是坐在车里，一言不发、神情冷漠地看着她下车。

接下来，他竟然打了电话向她辞了周六的工作。

她理解安东尼的想法，却不明白为什么他做得到突然那样冷漠地对待她。她的矜持和倔强在这个时候上升到极点。安东

尼不先说明原委,她绝对不会主动找他。她意识到自己和安东尼的关系陷入未曾预料到的僵局。

三

冷战继续着。

董瑜不想和任何人提起此事。白天她脸上照样挂着微笑,夜里便常坐在沙发上蹙眉沉思。

难道曾经的友情在他们成为情人的那天起便不复存在?她想着安东尼在她耳边温柔低语的样子,怎么也无法相信安东尼会是翻脸无情的人。但如此音讯全无了几个月后,她不得不承认自己看错了他。

她决定接受戴维的邀请,和他一起外出。

和安东尼完全不同,戴维是个任何时候都敞开心胸的人,和戴维在一起,她觉得自己的神经会自然而然地放松,心情也会因为看见他坦荡的笑容而开朗许多。

她第一次和戴维说话,是在一个阳光灿烂的早上,他偶然地走进她店里。

他站在柜台前时,董瑜微笑地看着他:"早安,'高'先生!"他知道自己一百九十五公分的身高很显眼。

"早安,'微笑'女士!"他友善地回答她。

他要了双份的低脂套餐,然后坐在那里拿出本书来读。当他的早餐做好时,她端了给他:"你的早餐好了,恐龙。"

他有点吃惊,一个中国女人竟然知道他的球迷给他取的昵称。

"你知道我?"他脱口问道。

"是的,我在电视上看到过你,还有一个原因,因为我们

是邻居。"董瑜的回答让他更吃惊。

她问他是否注意到他对门的房子前段时间卖出去了。

他恍然道:"原来你就是新的房主。"

"我向我左右两边的邻居介绍过我自己的,本想到对面去敲你的门,但你是名人,我怕你误会。"她坦率地说。

他伸手给她:"很高兴认识你,我是戴维。"

"我是莉莎,我也很高兴认识你。"

她从隔壁的内森那里得知,戴维曾是数一数二的橄榄球员,这两年年龄升了上去,体力不再像过去那样旺盛,结束橄榄球生涯也就是两三年内的事。

"你认识中文?"她无意中瞥见戴维面前的书,这下轮到她吃惊了。

听她这么一问,戴维合上书笑了:"我刚学不久。"

见董瑜不解的样子,戴维便详细地将前因后果解释给她听。

原来有一回戴维在比赛中受了伤,去运动康复中心治疗时,经人介绍认识了物理治疗师迈克斯。迈克斯在中国是名中医,对针灸推拿按摩颇为精通。他为戴维治疗的效果好得出乎意料,戴维便对推拿针灸产生了浓厚的兴趣。

正好,那时戴维开始为退役后的未来做谋划,想到物理治疗的收入不错,出于对经济利益的考虑,决定开办一家附带中医针灸的物理治疗诊所。迈克斯便介绍戴维报名读中医理疗课程。

戴维的学习非常艰难,他发现自己首先在语言上吃了亏,便开始学起中文来。

"你为你的理想这么努力,太难得了。"董瑜由衷地说道。

"莉莎,你愿意帮我学习中文吗?"

她点头道:"没问题。"

当日,戴维便和董瑜约定,在她关门后到她店里来问些难懂的字。

她觉察得到,戴维学起中文来有些力不从心,好在他理解能力不错。她便试着用她认为他可以接受的方法解释,他竟一听就懂。

"你找到了让我接受得了的教学方法,这完全是靠你用英语将中文字讲解得如此清晰。我想知道,你可以到我家里给我上课吗?"他态度诚恳,请她定时为他上课,并提出优厚的时薪。

董瑜略想了想,说他可以到她家去上课,但她只会象征性地收他的钱。

"你也许不缺钱,但是你必须知道,你是在为我付出你的时间,用的还是为我量身定制的学习方法,我除了很感谢之外,一定要付适当的报酬,这样才公平。如果我去中文补习学校,也是需要付钱的,但是效果不会有你教的好,或者说我不会那么愿意学习。"

她没再和戴维客套,和他约好了每周两次的上课时间。

和戴维渐渐熟悉起来后,除了正常的上课内容,偶尔地,他们也开始加入些闲谈。只是戴维时常和她意见相左。

一天戴维回家时,见董瑜隔壁的内森将车停在门前的街边,车尾几乎挡住了董瑜一半的车道出口,便去敲了内森的门,让他将车移走。

董瑜听见屋外的声音,出门去看时,内森已经将车移前了些。

上课时,戴维对董瑜说:"他挡住了你的路,你一看到就应该让他让开。"

董瑜道:"我会小心点开车,再说那天我不一定出门,如果需要出去,再去找他移车也不迟。"

"那不对,任何时候,他都没有权利挡住你的车道,你也不能容许自己的出路被堵住。"

听戴维说得在理,董瑜点头表示同意,但试着告诉戴维自己的想法:"他不会是故意的,一定是前面有车他不得不停到我门前。我认为,不要得理不让人,而是得饶人处且饶人。"

戴维对这个观点并不赞成,他有他的一套:"一个人如果太轻易容忍别人,会没有了正确和错误的分界,如果是对的,就要坚持,错的,一定不能容忍不说。"

董瑜说一个人不一定需要将自己对事物的看法表达出来,只要心里明白,按自己认定正确的方法去做就可以,戴维却认为一个人应该直接,有任何观点应该完全地表达出来让别人知道。她便摇头,说他和她成长的环境不一样,所以对事物的态度也不可能一样。

戴维再次和她辩论时,她突然有个奇怪的想法,暗自想象着,如果戴维参政,当时是在和对手辩论,会有什么样的结果。她自己在那里想着,不禁笑了出来。

"你想到了什么好笑的事?"戴维见她走神便问。

"我觉得你现在说话越来越像哲学家。"她揶揄道。

戴维愣了愣,自语般地说:"真的吗?"

自顾自地想了想,他像发现了什么新鲜事似的,有些兴奋地说:"知道吗?在我整个人生中,还是第一次和一个女人这样交流。"

下一次课后,他告诉她,在向她表述自己的观点的过程中,他其实也整理了自己的思路,对于一个成天奔跑在球场上的球员来说,有一点时间安静下来和一个有思想的人谈心,是

一种全新的经验。

"我很享受这种感觉。"他认真地看着她。

戴维约董瑜周六一起吃晚餐,特别说明了是由他请客。她知道他为什么特地说明,不少男人请女人外出吃饭时会要求分账单各自付账,只是她在心里觉得有些好笑。

她先是有点犹豫地推脱,她怕接受了他吃饭的邀请,会令他误会那是她乐于接受他本人的一个信号。戴维似乎理解她的心理,说他选了家中餐馆,想挑战一下自己在完全讲中文的环境里究竟能不能应付自如。既然戴维这么说,她想接受他共进晚餐的邀请也合乎情理,便答应下来。

戴维对中餐的一知半解让他在点菜时有些困惑,看了半天,他还是将菜单递给董瑜,让她决定。

她将菜名一一读了给他听,笑道:"这里是中餐馆没错,但是有些菜是按西方人的口味做的,你有什么偏好的,还是更想吃纯粹中式的菜?"

"我知道两者一定不同。你按你的习惯点菜吧,我就是想吃你平时吃的中餐。"戴维只知道有限的几个菜名,便将菜单递给董瑜。她便点了几样传统的菜。

戴维对从未尝过的美味赞不绝口。"这些你会做吗?"他问她。

"小菜一碟。"她笑了笑,接着道,"就是表示容易做的事。"

"太好了,下次你可以做给我吃。"

戴维一步接一步地接近董瑜。凡是他开口约她,即使她先是推脱,到后来也总会应承下来,一是因为戴维说服人的能力很强;二是她和安东尼的关系已经不了了之,周末时不免有些孤单。

但是和戴维一起出去时,董瑜还是有点顾忌,那些看来是

戴维球迷的家伙不是很好对付，无事生非的记者也曾捕捉过不少戴维的镜头。

四

周六下午，董瑜独自去家具店逛了一圈。搬到新居后，她发觉原来用着的家具的风格和新居不甚相配，而且新居的空间大了许多，原先的桌椅显得有些小。她决定给饭厅添置一套大些的餐桌椅，再给客厅添套沙发，还想给自己换一套卧室家具，现在用着的那套就可以放到另一个卧室，将那里当作客房。

逛了几间家具店，却并没什么收获。回到家时，天色渐渐暗下来。她着实有些累，也顾不上吃东西，先倒了杯水，拿起白天没看完的报纸坐到沙发上，想休息一下再准备晚餐。

电话响起来。是丁建城。

"小丁，你好吗？"隔着话筒，她微笑着问候他，虽然他看不到。

"不好，很不好。"

丁建城的回答让她的笑容一下子收敛起来。

"发生什么事了吗？"她小心翼翼地问。

"你现在下班了吗？"他并不直接回答。

"是啊，我在家里。"

"可以让你帮我个忙吗？"他问她时有些犹豫，她听得出他一定是有难处，否则他不会轻易开口求人。

"你说吧，什么事？"

"史蒂芬退了房子，明天就换别人搬进来了，我一时还没找到地方。"他尽量简短地说明当下的情况。

"那你现在在哪里？"她听了有些着急。

"在家里，我今天一整天都在找房，没有一家中介有现成的空房，只有一家让我下周再打电话去问。"

丁建城的话竟让董瑜紧张起来。她想象得出丁建城会有怎样糟糕的心情，忙安慰他："你先不要急，等在那里不要走开，我马上过去。今天都已经这个时间了，你先不要找中介了。"

她到他那里时天已经完全暗下来，空中开始有点飘雨。

门开着，房子里面空荡荡的，只有他的东西统统装箱打包堆在客厅中央。初冬阴冷潮湿的天气里，陈旧的单元房更显得冷清。

丁建城的样子让董瑜吓了一跳。他的眼里布满血丝，头发蓬乱，胡子也没有刮，满腮是黑乎乎的胡茬儿。

"董姐。"他叫了她一声。

"姚露呢？"她环顾四周，只有他一个人坐在一个满满的旅行包上。

"和史蒂芬一起走了。"他苦笑了下，眼泪却涌了上来，看得出他很努力地忍着。

她更是暗暗吃惊，这当中一定有故事，但眼下显然不是说故事的时间。她决定快刀斩乱麻，先将他接到自己家。

她和丁建城一起将所有东西装上车，丁建成最后检查了一遍，锁了门将钥匙塞到门口的垫子下，便坐到车上。

"什么时候知道他们走的？"她边开车边问。

"昨晚我打完工回家时，见到姚露给我留的纸条才知道。"

"那你竟然到现在才打电话给我！"她怜惜地转脸看了他一眼。

"我回去时，史蒂芬的房间空了，姚露的东西也没了。她拿走了家里的现金，还取光了我银行卡上的钱。我整夜都在收

拾东西。今天一早我就出去找房,跑了几个地方都没有,才给你打了电话。"

"吃过东西了吗?"

"我现在哪有心思吃东西。"他转头去看窗外。

她不再说什么。

"借你的电话用一下行吗?我的手机没电了。"

他是打电话去夜总会请假。她隔几分钟再看他时,他已经歪着头睡着了。

他醒来时,她已经替他将行李搬进屋里。

她倒了水让他在客厅坐一会儿,等饭好了她会叫他。不过看见他坐在沙发上一副疲惫的样子,她干脆将下好的馄饨端到了客厅的茶几上,他谢了声,就端起碗狼吞虎咽起来。

看着他吃了几大口后,她示意他停一下,将自己面前还未动过的那碗馄饨拨了一大半给他。

她发现自己其实也早已饿过了头,三两口吃完后,见丁建城还在吃着,自己便走了出去。

回来经过厨房时,丁建城正试着找抹布或刷子洗碗。

"去休息。"她让他不用管厨房,将他领到她用作客房的那间屋子。

他见他的东西已全在这间屋里。

"先洗个澡睡一觉。"她下命令似的对他说。

他也顾不上客套,打开包想找出毛巾和牙刷。

见他打开的箱包里杂乱无章,干净的和脏的衣服、毛巾混在一堆,她一转身便从壁橱里取出条大毛巾让他先用:"起来再找吧。"

用晒得干爽还散发着柠檬香味的大毛巾擦干身体,他从抹去一小片水汽的镜子里见到了自己胡子拉碴的邋遢样子。他忘

了带剃须刀进浴室,只能回到房间,在旅行袋里翻了一阵,将剃须刀找了出来。

经过洗衣房回浴室时,他听见了机器转动的嗡嗡声响,心想也许自己的衣服正在里面翻滚呢。果然,堆在浴缸边的脏衣服不见了。

丁建城将脸刮干净后回到客厅时,董瑜也刚好提了水壶进去。

"不睡觉吗?"

他摇头:"我想先坐一会儿。"

"那坐着喝茶吧,我一会儿就来。"她知道他有话要说,便在先前的茶杯续了热水,拿了包杏仁过来,又递了份报纸给他,他接过去却没心思看。

她也不管,自己去了浴室洗澡。

等她换上家里穿的衣服,也捧了一杯茶在手上时,丁建城觉得自己精神已恢复了些,他知道这个时间他们可以好好说话了。

"到底怎么回事?"她略皱着眉看着他问。

他缓缓地将事情说了一遍。

平时,他的时间都花在了学习和打工上,白天没时间陪姚露。姚露一直在找工作,却一直没有合适的。他无论如何没想到,成天在家待着的姚露和史蒂芬越走越近。他们背着他退了由史蒂芬出面租下的房子,他付给史蒂芬的租房押金收据消失了,应该是被姚露带走的。姚露趁他不在,将家里所有现金都拿走了。他们做得天衣无缝,直到他回家,才看到姚露告知他需要搬走的字条,因为其他人还等着第二天搬进来。

她沉默地听着。他用沙哑的嗓音缓缓地说完,像是在讲一个别人的故事。他说完后低下头喝茶。

她伸过手去在他肩上轻轻摩挲了两下。

"这么说姚露是下了决心的?"

他确定地点头:"这次她来找我,我发现她现在比以前精明了许多。史蒂芬是有居留身份的。"他看到了实质性的原因。

"睡吧,明天再说。"董瑜不想告诉丁建城,姚露就是她认识的露露。事情已到这个地步,她无须多言,任何多余的话都不能改变现实。

他疲惫至极,也顾不得多说,在床边找到插座给电话充上电后就躺到床上,头刚碰到枕头就睡着了。

他醒来时看了看时间,已经快上午十点了。他有些窘,赶紧起床漱洗。

客厅的电视机开着,他却没见到董瑜。

他沿着走廊走到另一头的一个房间门口,见到她正在一张书桌前做着什么。

他站在门口打量着那个房间。

那应该是董瑜的书房。沿着一面墙放着一排书橱,中间那个橱的玻璃门里置放着些雕刻的摆件,还有一些印盒、砚台和笔筒,两边橱门里的搁板上密密地排着各种书和杂志。

她抬头见他站在门口,问他道:"昨晚睡得还好吗?先吃早饭吧。"起身将他引到饭厅坐下。

桌上有个用碗盖着的盘子,她让他先吃,她去做咖啡。

他揭开充当盖子的碗,盘子上是煎好的培根、西红柿和鸡蛋。闻到空气里食物的味道,他突然觉得很饿。

董瑜用一个托盘端了咖啡和烤好的面包片来,他不由得脱口而出:"真香!"

他吃着时,她就坐在他对面喝咖啡。

直到他将最后一片涂了花生酱的面包吃完，用餐巾擦嘴时，她才开口道："今天是星期天，没有中介开门，暂时还是在我这里住吧。"

他知道只能这样，虽然他不想给她添太多麻烦，也没别的选择。

他想到许钢。"董姐。"他叫她一声，顿了顿。

"嗯？"她等他接着说。

"我的事现在要和许总说吗？"

"你遇到的是大事，说吧，他一直都很关心你。"

这时他也冷静下来，想想自己有些鲁莽，本来发生这样的事，他没有理由不先告诉许钢，但他担心许钢有孩子，工作又忙，便没去惊动他，反倒先找了董瑜。

五

丁建城仔细地查看着报纸上的租房广告时，许钢驾车拐上董瑜家的车道。

"小丁！"他一见丁建城就用手臂拥住他的肩膀，给了他一个拥抱。丁建城觉得那样被拥一下心里踏实许多，眼泪却止不住地滚落来。

董瑜见他这样，也将手搭在他肩上。

许钢道："小丁，坚强点。"

丁建城有些窘迫，见董瑜递过纸巾，便抽了几张擦眼泪。

许钢将丁建城按坐在客厅的沙发上，让他平静下来，自己跟着董瑜进了厨房。

董瑜替他做着咖啡时，他轻声道："看来原先露露不出来见小丁是有意的。现在看到小丁没希望替她搞定身份，她就破

釜沉舟,将小丁劫掠一空,跟史蒂芬跑了。"

董瑜思忖着说道:"你的分析有道理,但我总觉得露露不至于是那么坏的一个人,只是她境况不好,也许怕自己会和辛迪的遭遇一样,迫不得已才那样做。"

董瑜换了个话题道:"你那里现在有空房吗?小丁在别处碰了不少钉子了。"

"一下子没有适合他的。我想,如果你这里可以将就些时候,等我那里或外面有了,马上让他搬,你是否方便?"

"我没有什么不方便的。"即使她只犹豫了一刹那,许钢便知道她并非没有顾虑。不过一时他也没有其他更好的办法:"先问问小丁吧。"

许钢端了咖啡和董瑜一起回到客厅。

"小丁,你振作一点,先做一个短期安排,再从长计议。首先是房子,如果一时没有出租房,你怎么办?"许钢让丁建城自己开口。

丁建城踌躇了一下,看了一眼董瑜,没有开口。

董瑜便明白了丁建城的心思,他是个知趣的人,在这种情况下,自己必须先开口,便说道:"你可以先住在我这里。"

"只要你不嫌我添麻烦,就最好了,你就算我向你租房,收我房租吧。"

董瑜连忙说:"你不用付房租给我,先住下。"

"那不行,我怎么能白住呢?"丁建城连连摆手。他出国也有段时间了,多少学到些这里的行事风格。

许钢便出来打圆场,他说话不知不觉就有了中介的口气:"这样,房租是该付的,小丁是自己人,按市场价的一半吧。"

董瑜道:"我这里是临时的,真的不必付房租。"

丁建城赶紧说:"如果你不接受房租,我只有马上走了,

就当你不欢迎我。"

许钢也说："小董，你不收房租小丁不会安心地住，万一一时找不到房子搬，他倒会有心理负担。"

董瑜听许钢这样说，点头道："那样的话，就一百澳元吧。"

丁建城忙说："那哪里行，一半都不止这些。"

许钢将双手分别搁在两人肩上："我看一百五十澳元比较合适。"

董瑜道："好吧，我先收着。小丁你不用急，等找到合适的房子再搬。"

许钢趁丁建城去洗手间，凑在董瑜耳边轻声道："你的那位，就藏得那么牢吗？"

董瑜脸红了一红，轻轻摇头道："我哪里有什么人需要藏？你想多了。"许钢见她不肯透露一点信息，只好打住。

他曾经有事，想到她家等她下班，将车停在离她家门口不远的路边等她，却见到她从一辆保时捷的四驱车上下来，开那辆车的是个身形高大健硕的西人。他将车停好后和她一起进了她家，许钢便觉不方便打扰，直接开车离开了。

许钢觉得那人有点脸熟，一时却也想不出在哪里见过。某天他看电视转台时，刚巧看到有个台正播放橄榄球赛，镜头停留在场上一个球员身上，他恍然大悟，那天在董瑜家门口见到的正是这个球星戴维。

他不懂董瑜如何会和这个比她年轻，还曾极受球迷追捧的风云人物在一起。这次，他内心的好奇强烈到抑制不住，才开口问了她。她不愿说，也是在他预料之中。

董瑜和丁建城虽说住在同一栋房子里，一个星期也说不上几句话。董瑜早上出门上班时，丁建城还睡着，而丁建城晚上回来，董瑜总是已经上了床。

　　丁建城对自己感到奇怪，自从搬到董瑜这里，他忙着读书和打工，并没有多想姚露和史蒂芬的事，即使入睡前想些心事，也完全没有了之前痛彻心扉的感觉。在董瑜这里住着，他觉得心定了不少，也不觉得独来独往有多寂寞，反而享受起自由自在的轻松，似乎那才是他真正期待着的状态。何况，董瑜也是每天独自早出晚归，他不是唯一孤单的人。

　　周日的上午是一周里他们唯一可以凑在一起的时间。

　　丁建城睡了个懒觉起床时，董瑜正在厨房里忙着。

　　"董姐，早！"

　　"早！我刚好要做早饭，以后星期天早上不出去的话，就一起吃吧。"

　　丁建城心里万分愿意，却在那里犹豫，他恐怕答应下来显得自己得寸进尺，推脱又怕董瑜以为他不想和她一起吃饭，一时支支吾吾地不知怎么回答好。

　　董瑜似乎看穿了他的心思，莞尔一笑道："就是吃顿早饭的事，很难决定吗？"

　　"不是，我不能再麻烦你。"他很难为情地实话实说。

　　"多双筷子而已。"说话间她已准备好了两碗豆浆，又从蒸笼里端出几个包子。

　　他也就不再客气，在她对面坐下。

　　吃着早饭时，她轻描淡写地关照他些小事。他听得出，她是要他保持清洁。

　　她又问他国内家里还有什么人，他说有父母和姐姐一家，不过都在乡下。

　　"你一个人在上海很多年吗？"

　　"到上海读的大学，毕业后就留在上海工作了，也有十四五年了吧。"他接着又说，"我小时候，我妈悄悄请人替我

算命,说我将来一定要去大城市的,她就把我名字里成功的成改成城市的城了。"

她笑了起来:"预言成真了。"

他也跟着她笑了,不过他的笑里含着一丝无奈的苦笑:"可不是吗?从乡下一下子到了上海,又到悉尼,都是那么大的城市。"

她稍迟疑了一下,还是问了出来:"你觉得你了解姚露吗?"

"有时我觉得我能看透她,有时又似乎根本不认识她。特别是来了澳洲,我发现她变了很多。"丁建城的神情明显地黯淡下来。

正说着,门铃响了。

"我的学生来了。"董瑜起身去开门。

戴维站在门口朝她微笑:"早上好,莉莎。"

"早,戴维。"她请他进来。

"认识一下彼得吧,他临时在我这里住一段时间。"

她转向丁建城:"彼得,这是戴维,最棒的橄榄球超级明星。"

戴维和丁建城彼此握手寒暄了几句,丁建城便回自己的房间了。他知道私人授课是按小时计费的,他不能浪费任何一方的时间。

房间的门虚掩着,他隐约听见戴维问董瑜他是不是她的情人。

"我想,你不该问,我也不用回答这个问题。"董瑜的答案界限模糊。

丁建城虽想到她只是因为不喜欢戴维问话的方式才这样说,但心里却还是有些窃喜,至少她没有一口否定。但是他也明白,他和她相隔很远。和第一次见到她那天一样,他又不合

时宜地想入非非,他有点自责。

从董瑜家出门上班,假如想不转车,要走二十分钟的路到大路边等车,那样只需要坐一部巴士就可以。如果想少走些路,可以在家门口先乘两站路到大路那边下车,转乘另一路车。丁建城总是步行到大路那里坐车,那样可以省去一趟车资。

他看了看时间,发现他应该在三分钟之内离家。他要搭乘的那路巴士在非高峰时段每半小时一班,要保证上班不迟到,他必须算好时间,不能错过一班车。所以他安排至少提早十分钟到车站,坐三十分钟的车到餐馆门口下车,路上刚好一个小时。他并不觉得不方便。

下雨天的晚上就不同了。他刚走出餐馆,天空便开始飘雨。冷风将雨点斜斜地吹进候车亭,打湿了丁建城的脸。巴士迟了几分钟,终于还是来了。晚上十点多钟,车上只有寥寥几个乘客。

他下车后准备过马路时,眼睛被忽然亮起又闪动几下的车灯晃到了,有人正从停在斜对面的一辆银色宝马车里向他招手,他认得那是董瑜的车。

他坐进车里时她说:"下雨了,我过来接你一下。"

他的眼睛忽然有些湿。"谢谢董姐。"

"没事。"

进家门后她换着鞋说:"我先休息了,你也早些睡吧。"他这才发现她的风衣里穿着的是睡衣,也许开始下雨时,她本已经上了床。

想到她明天要早起,他心里有些过意不去,想说点什么感激的话,又难以启齿,怕说得太过,弄不好会显得矫情,犹豫了一会儿,觉得还不如什么也不说。

六

　　丁建城付房租给董瑜时，总觉得有些别扭，他不希望和她有金钱上的关系。每次他都在收到工资后，将数好的钱装进信封，交到她手上。她接过去后，也不打开数，只说声谢谢，他想其实这声谢应该是由他说的。

　　星期六晚上他总是温习功课到很晚。她开始叫上他和她一起吃夜宵，以前她好像并没有这个习惯。

　　他拿起一块薄荷糕，积攒了些勇气，才说了句她做的点心是他吃过最好吃的。以前当面赞美人的话他是说不出口的，怕俗。

　　她笑了，说道："喜欢吃就多吃点。"然后看看自己碗里的绿豆汤，说，"我应该多盛点给你，我今天晚饭吃多了，现在有点吃不下了。"

　　他没说什么，伸手将她的碗端了过去，将她吃剩下的汤倒进自己面前的碗里。她任他这么做，也不说什么。

　　丁建城熬了几个晚上做功课，星期天醒得比往常晚了些。走出房门时，戴维已经和董瑜坐在桌边上课，看到戴维看董瑜的眼神，丁建城心里莫名地有些不太爽快。有时晚上下班到家时，董瑜还没有回来，他便会感到失落。他知道需要控制一下自己的情绪了。

　　这天在丁建城快下班时，董瑜和许钢走进餐馆。他们坐在门口的一张台子边等他。他收拾好东西后走过去。

　　"小丁，本来要打电话给你，小董说你在上班，不方便在电话里说事情，我们就直接过来了，顺便看看你，反正董瑜也正好载你回家。"

丁建城连忙道谢。许钢道:"我这里有套房子刚腾出来,你看看数据,还可以吗?"他递了一张有图片和房子简介的广告过去。

丁建城突然觉得,其实他并没有搬家的打算。但他和许钢是说好的,在董瑜家里只是临时借居,一旦找到合适的房子就搬出去。现在许钢真的带了出租房的介绍资料过来,他倒不知怎么做才妥当,不由得愣在那里。

董瑜见状微微一笑,道:"如果我那里你习惯了,暂时不想搬,我是欢迎你继续住的。"

许钢看了她一眼,说道:"如果小董没什么不方便,小丁,你自己定吧。"

"那我就还在董姐那里住一段时间吧。"

许钢点头道:"那好,既然你们两方都觉得这样好,那就不搬了。"

回家的路上,丁建城开口道:"从下周开始,我星期天不用上班了。"

"为什么?"她问道。

"我现在晚上还有周末都在打工,功课有点紧张,我想多安排点时间在学习上。"

"也对,目前你主要还是该以读书为重,不能本末倒置。"

星期天戴维走后,董瑜正打算出门,见丁建城在院子里散步,便问他是否有什么要买的,她可以帮他带回来。

"昨晚我刚写完一篇文章,想出去逛逛放松一下,你出去购物方便带上我吗?"

"我当然愿意带上你,只是我去看家具,你不会觉得无聊吧?"她看着他问。

"不会不会,我就跟你去看看吧。"

走进店门转了一圈，董瑜径直走到刚才进去过的一个陈列室门口。"之前看了很久，都没看到合心意的，今天运气好，一眼就看中这套，兜了一圈，还放不下，就是它了。"

丁建城看了眼桌上竖着的价格牌，心里咯噔一跳。"这看上去好像很普通，真值这么多钱吗？"

对他的疑感，董瑜并不意外，示意他走近些："你注意看，这个牌子的家具，风格算是复古的，古典中略带点花哨，但线条总体还是简洁的，颜色也稳重，从每个细节都可以看出设计师的匠心，还有加工工艺的精致。产品到了这种级别就可以被称为作品，而这种作品初看都不会是抢眼的。家具是耐用品，我觉得样子不能太花哨但要耐看。"

丁建城意识到了自己的冒失。董瑜平日的随和给了他错觉，以为她对用的东西不会挑剔，他知道自己错了。董瑜追求的精致是一种低调的奢华，她的品位和自己的还有姚露的截然不同。他不清楚是她的言语神态里真的流露过什么，还是他在她面前的自卑感作祟，他总怀疑在她眼里，他和姚露都只是所谓的"乡下人"，无非因为她的素养高，即使再不将他们和她放在一个级别上，她还是会对他们礼数周到。

董瑜付了定金后，满脸笑意的店老板亲自替她查了日期，预约了送货时间。

回到家里，董瑜对丁建城道："新家具送来前，我想先问一下你，我好安排。"

"是什么事？"

"我房间里现在用着的床比你那间的大，睡起来会舒服些，你不介意的话，就换给你用好吗？"

丁建城笑道："当然好，再说我哪有那么些讲究，听你的。"

家具按约定的时间准时送到。

丁建城按董瑜说的，将自己的那张单人床拆了，搬去了储物间，两人一起将她原来用的双人床、床头柜和高低两个衣柜搬到他房间，又将临时放在客厅里的新家具摆放到她的卧室去。

两个人铆足了劲一口气将全部家具归了位后，董瑜拿了两条大床用的被单给丁建城，让他替换着用。

看看什么都妥当了后，她一下仰倒在沙发上："喔唷，精疲力竭！"

丁建城不由得扑哧地笑出声来，董瑜便问他笑什么。

"我从来没见过你这样说话。"

"我知道我平时太一本正经，但是一个生意的负责人在外是要给人稳重的感觉的。在家里就不同了。"

她这样说就是拿他当家人了，他不由得有点欣喜。想到在外她需要绷紧神经，不禁问她："你在这里做生意也不容易吧？"

她将头摇得很厉害："这些年的酸甜苦辣，几天几夜也讲不完！"他懂她的这句话包含了很多意思。

她躺了一小会儿就坐起来，说："走，我们到外面吃晚饭吧。"

丁建城也从地板上站起来说："其实不用出去，你累了，多休息会儿，我来做饭。"在餐馆打了这些时候的工，丁建城也学了些皮毛。

董瑜见他往厨房走，一边急忙起身拉住他，一边说道："你也辛苦了，我们去茶餐厅简单对付一下，改天再谢你。"

用许诺请吃饭来作为答谢，似乎并不是董瑜的风格。这些天相处下来，丁建城看得出，她有一条清晰的原则，就是不轻易占用人情，凡受了点恩惠，必尽快通过最妥帖的方法回报人

家。董瑜不怕落了俗套,急着要还他的人情,可见她还是要保持和他的距离的。他不由觉得自己刚才的误会有些傻。

"这么件小事还谢,那我又该怎么谢你呢?"他一直在接受她的帮助。他和她之间,他做不到她的泾渭分明,他有点惭愧。

她不搭腔,只是看看钟点,去倒了两杯水过来,说道:"干脆再休息一会儿吧,我们过半小时走也不迟。"

两人坐在那里,周围似乎一下子静下来。她迟疑了下便试着开口问他:"姚露有消息吗?"

他黯然地摇头。"没有。"停了一下,又开口道,"董姐,我发现我不懂女人。"

她若有所思地看看他,说道:"其实无所谓懂与不懂的,每一个人都不同,这里面没有特别的规律。"

"我不知道她为什么用这种方法背叛我。她可以和我摊开谈的,我不是不讲理的人。"让他最痛恨也最不能理解的就是这点。

"我猜她应该还在乎你,这种事既没办法向你开口,又不忍心看你难堪,干脆选择不告而别、一走了之。"她设法从让他好受些的角度说话。

"但她是和别人一起出走,这样我更难堪。"

"她也许是想做得绝一点。"丁建城还没有面临签证快到期而必须为以后的合法居留费尽心机的时候,感受不到辛迪被移民局带走给姚露带来的恐惧感,所以不能体会姚露的难处。她知道辛迪的经历一定如噩梦般在不愿回国的姚露脑中时常出现。

"我知道你为她说话是想安慰我,其实从我告诉她我要来澳洲那天起,她就已经开始欺骗我了。"丁建城并未傻到什么

都不知道,他只是装作没感觉到异样。

"以后再说吧,我们先出去吃晚饭。"她岔开这个话题,她没必要和他一起去抽丝剥茧,那毕竟是他们俩的私事。

看起来她对那家茶餐厅颇熟,点的饭菜正适合两个人吃,不会不够也不会浪费。两人的筷子偶尔落在同一盘菜上,那种感觉让他记起他和姚露在一起的时候,两个人平静地吃着家常饭菜,就像再平常不过的小两口。他马上又觉得自己的想入非非有些可笑。

七

平日里她依旧早出,他也依旧晚归。

周日他起床后没见到戴维,便问董瑜。

"戴维和我都觉得星期天还是应该用来休息,所以我们换到周三下午上课。我在铺子的后面隔出个小办公区,他会去那里。"

看她将书桌上的纸卷起来,他便问她写了些什么。

她将纸卷打开道:"今天没有写,拿以前的字裱了一下,送给一个朋友生意开业。"

他伸头过去看,见是一幅隶书的横幅,写了"天道酬勤"几个大字,落款是清吾居士。

"你自己裱字画吗?"他有点吃惊。

"以前学的,现在没什么空,手都生疏了。"她摇了摇头。

"下次我可以在边上看吗?"他甚有兴趣。

"那下次我叫你。"董瑜点头答应。

"小丁,"她叫了他一声,他就等她说下去,"你现在有这份雅兴,说明你的生活安定了,内心也平静下来了,不是吗?"

他想了想,连声称是。

她问他道:"等一下我要去飞机场接一个老同学,下午还要去沙滩和银珠他们烧烤野餐,想不想一起去?"

她开口邀他,他求之不得。他星期天不再去上班,为的也是和她多些时间相处。

"孙志英!"董瑜朝一个皮肤黝黑、棕黄色大波浪卷发披到双肩的矮个女子招手,那人欢天喜地地朝她快步走来。

丁建城好奇地看着这两人,她们并不握手或拥抱,也不说什么客套话,只互相称对方"喂",互相拍打对方的手臂算是打招呼。

董瑜还来不及介绍丁建城和孙志英认识,孙志英就直接说出好几个人名来,说了他们的近况,丁建城估计这些应该是和她俩关系密切的朋友。

她们正说话时,一个六十来岁、已完全谢顶、矮小且有双罗圈腿的中国男人走了上来:"哎,阿英,我在这里!"他大声叫孙志英。

孙志英立刻向他招手:"阿顺,快来认识一下我大学时最要好的朋友董瑜。"

那个叫阿顺的男人看来并不擅长和人交往,并没有和董瑜打招呼,只是心急火燎地伸手接过孙志英的行李车,用有浓重的广东口音的普通话催她道:"快点走啦,停车场收费很贵的。"

孙志英站在那里有些窘迫,董瑜忙说:"那你们不要耽搁了,我们电话联系吧,来日方长。"

阿顺忙接着说:"对啊,可以打电话嘛!拜拜啦!"

目送他们离开,丁建城和董瑜才往停车场走。

"什么人都有啊!"丁建城叹了一声。

董瑜不语，只淡淡笑了笑："她刚移民来澳洲，那是她的新婚丈夫。"

丁建城着实吃了一惊："嫁给这样一个和她爸差不多年龄的？"

"他的太太过世了，托人在国内找。我这位同学在国内离了三次婚，一心想嫁到国外，也托了不少人介绍。"

董瑜的话触动了丁建城的心思，他哦了一声，不再说什么。

从机场直接到了和大家约好的沙滩时，银珠和尼克已带着孩子们铺好了地毯。十一月的天已经暖和起来，风和日丽的周日正是烧烤的好时间。

董瑜让丁建城从车的后备厢提了保温冷盒出来，自己将一个藤篮提下车，尼克开始将董瑜带来的食物往烤盘上放。

这时乔伊也到了，他带来了一名意想不到的人，安东尼。凯丽和杰克也出现在众人堆里。

"我们除了胃口什么也没有带。"安东尼边说边看了眼董瑜，帮着尼克烤起食物。凯丽和银珠指挥孩子们给面包片涂牛油，往杯子里倒饮料。孩子们很卖力地做这种事，因为有事情可做显得他们很有用。

丁建城插不上手，便和杰克在一边聊天。

"那么说你现在住在莉莎家？"杰克问他。他点头。

"据我所知，莉莎有点洁癖，喜欢清静的环境，不太爱被人打扰，她能接受你住进去，你很幸运。"听杰克这么一说，丁建城突然开始回忆自己在董瑜家住的这段时间是否有什么做得不妥，他想起来她曾特意告诉过他要注意的地方，而他竟然因为她轻描淡写的口气而几乎全部忽略了。

我的表现糟得很——他尴尬地想。出门前他还将一双脏袜

子扔在洗衣房的地上,他房间的桌子上地上也是乱糟糟的。平时他的计算机开在那儿时不时发出声音,他又常让门开着,声音和灯光肯定会影响到董瑜。他没敢再往深处想,仅仅这些已足够让董瑜烦他了。

安东尼一出现,丁建城就发现他看董瑜的眼光与其他人都不同,那是一个男人特有的看着自己欣赏的女人对她充满欲望的眼光。除了戴维之外的另一个,他想。

安东尼走到董瑜身旁,挨得很近地和她说话。

"这些天我很想你。想念你使我的身心都很痛,我们不要互相折磨了,和解好吗?"他皱着眉低声对她说。

董瑜的鼻子有点酸,安东尼往前一些,用手臂轻轻地环住董瑜的肩。

丁建城在不远的地方看着他们,却听不出安东尼在说些什么,他猜测着安东尼和董瑜的关系。

安东尼叉起一条刚烤熟的香肠递到董瑜面前,董瑜嗔怪地看了他一眼,还是红着脸咬了一口,安东尼笑着缩回手,看着董瑜,在董瑜咬过的那头咬了下去,又伸手递过去让董瑜接着吃。董瑜用手肘轻轻将他推开。

丁建城看着,突然莽撞地从尼克那里取过一盘烤熟的食物,走到董瑜身边,将盘子递了过去。

董瑜正和安东尼挨着肩合吃安东尼托着的一盘食物,对丁建城递上的盘子,她有些意外,犹豫了一下,还是接了过去。

众人告别时,董瑜问乔伊,能不能将丁建城捎回去。

"交给我。"乔伊会意地向董瑜眨了眨眼。

丁建城心里有些不悦,就在他转过脸的刹那,他看到了董瑜的眼神,她的目光似乎洞察一切。他想起刚才杰克说的话,她对看到的事情全部在心里评判,不会轻易说出她的想法。他

惶恐起来，揣测自己在她心里会是怎样一个形象。他努力想找出自己有什么高光点，可以让她容忍他的诸多缺点这么久，继续留他住在家里打扰她的宁静。他自信全无，甚至觉得在她面前自己几乎一无是处。

他必须改变自己。

丁建城请乔伊让他在离家不远的一家计算机店门口下了车。他去买了一副耳机。原先的那副坏了后，他就让扬声器开着。

还有外形。他决定将头发理短，本来他觉得姚露替他设计的前面长长的遮住眉毛，并且有些蓬乱的头发看上去比他原先的三七分头时髦许多。现在从镜子里看，长而没有好好打理的头发着实显得邋遢。剪成一寸多长的短发，抹上发胶后再看镜子里的自己，他有点得意，带着酷帅男人气的头发更适合他的年龄。洗脸时他突然发现指甲也不整齐，连忙修剪好。至少外形上他是有了很大的改变。

他又去百货公司买了两件浅色的衬衣。他的短袖汗衫都已经褪色，早洗得没了骨子，穿在身上晃来晃去，他原先以为那是种潇洒，现在看来也是谬误。

接下来是房间。他擦了自己房间的窗和桌椅，每天将换下的衣服挂好，桌子上的杂物也收拢分类叠起来。还换洗了一遍床单。

那天之后，他从餐馆下班回到家，就将沾上污水和食物碎屑的黑皮鞋脱在门外的台阶上。

他知道董瑜对他突然开窍似的自觉，自然看在眼里，但她什么也没说。每次董瑜晚归，丁建城见到她精疲力竭而又一脸幸福的样子，便会控制不住地幻想她和安东尼在一起的情景。但从她的眼神中，他发现她有心事。

八

丁建城下班回家后,洗了澡坐在沙发上看报纸。

董瑜还没睡,在书房里做着什么事。他听到她放在客厅茶几上的手机嘀嘀叫了两声。应该是有人传短信给她。

她走到客厅拿起手机看了,飞快地回了条信息。马上,对方又传了信息过来。这样一来一去十几次之后,她脸上的神色越来越凝重,直到最后,她将电话的电源关上,放下手机。

他一直不出声。最近董瑜的情绪有些不稳,只是她不说,他也不好问。

隔了约莫半个小时,门铃响了起来。丁建城走去开了门。

安东尼站在门廊里,见到丁建城,勉强地说了声"嗨"。

见董瑜走了过来,丁建城识趣地回了自己的房间,却将房门开着。

"自从感觉到你对我的态度和以前不同,我猜你是有了一段新的关系。看来我猜对了。"

"事情不是你想的那样。彼得是我的朋友,也是一个临时的租客。"

丁建城不知道为什么董瑜从没有告诉安东尼,他是暂时借住在她家里。

此时她对安东尼的解释,想必是因为安东尼误会了她,她想让他放下心来。

但听下去,事情并不是丁建城想的那样。

"既然这样,我也不想对你隐瞒,坦率地告诉你,自从和前妻离婚后,我就只玩游戏不动感情。你为什么在乎我身边是否有其他女人?即使我和别人在一起,也不会改变你对我来说

很重要这个事实。我期待和你在一起的时刻，但是，即便如此，我们还是只会做长久的情人，那样就足够了。现在你有了别的情人，开始对我说不，迟早你会不再需要我、忽略我、离开我，我不想忍受那种感觉。"

丁建城听到安东尼自相矛盾的言语，感到有些可笑。董瑜显然不想让丁建城听到他们的对话，尽量压低嗓音，只是夜深人静，丁建城依然听得真切。"安东尼，从认识你开始，你一直在帮我，我很感激。我以为我们在一起这么久，即使分开还是会走到一起，是因为我们之间有感情。但是现在我知道是我错了，你希望我们相处的方式，我完全不能接受。"

"我们依然彼此需要，还有比被需要更好的感觉吗？我早就告诫过你，不要发展感情，因为我不想到最后伤害你，你明白吗？"安东尼的口气中带着责备。

安静了片刻，董瑜缓缓地说道："我越来越不知道我们之间该保持什么样的距离，太近太远都不是你想要的，你到底在想些什么？我们已经开始伤害彼此了，如果不想继续受伤，我只能放弃你。"

丁建城这才发现，董瑜原来也可以如此固执，对安东尼，她宁愿放弃也不妥协。

"现在我知道了，你提出分手，是因为你有了别的情人，你已经不需要我了。"

"我再说一遍，不是那样的。"董瑜出奇冷漠的态度让丁建城觉得陌生。

"莉莎，不要再骗我也骗你自己了，你一定另有情人，即使不是这个傻瓜，也是另外的人，你不用对我伪装。"安东尼的声音听上去有些失态。

"安东尼，你不能无缘无故这样说我的朋友。难道是你想

分手,却找一个借口来责怪我?"董瑜的口气也越来越生硬。

"看看,对我你原来可以变得这样刻薄,"安东尼先是仍有些夸张,停了一停,似乎控制了一下情绪,又用略为理智的语调说道,"我们不能接受彼此想要的方式,我也没有想好今后我们该如何相处,我们是不是分开一段时间?"

在丁建城听来,安东尼的提议更像是在等待董瑜说出挽留的话。

"好,分开一段时间也许让我们都可以冷静下来。"董瑜并没有说出安东尼期待的话,她斩钉截铁地肯定了安东尼的提议。

这下安东尼没有了台阶:"好,我会再次去旅行,我想等我的心安定下来,确定自己到底需要什么。"安东尼郑重其事地和董瑜道了别。

听着安东尼的脚步声远去,丁建城走出房间。

董瑜站在那里看着安东尼走,一动也不动。她独自站了一会儿后转过身,蓦然见到丁建城,勉强一笑:"一场戏落幕了。"

她故作轻松,他却有些心疼,当她经过他身边时,他见到她眼里泪光闪动。

九

丁建城在床上辗转了一会儿后,还是起身走出房间。

外面的灯都已熄了,董瑜在自己房间里,他看到灯光从门底下泄出。

他在她门外站了片刻,轻轻敲了敲门。一刹那,他的心脏似乎停止跳动了,却又在喉咙口听得到心跳的节奏,门里门外

的空气也都似乎凝固了几秒的时间。

"我已经睡下了，有事吗？"

"没什么要紧的事，你睡吧。"他有些沮丧。躺回床上后，他突然想起姚露，那天晚上他梦到了她。

他睡醒出门漱洗时，董瑜正戴着耳机屈腿坐在沙发上，身体有节奏地在轻轻晃动，似乎在听音乐。

"对不起，昨晚我有点累，找我有事吗？"见到他，她摘下耳机。

他想她明知故问。"我在找电源插座的转换接头，后来找到了。"

"那就好，现在没事了？"

"没了。"他觉得说没事有些艰难，却找不到其他借口。心里却在想着安东尼说的话，也许他是对的，她有另外的情人。

第一次，他们吃完早饭却没在餐桌上说一句话。

他收拾了碗筷去洗，她也不拦着，自己去了后院打理花草。

电话铃响起来，是许钢。

寒暄了几句后，丁建城说去叫董瑜听电话，许钢却说这次是找他。

许钢是想确认一下，丁建城是否还打算自己租房，丁建城立即说是。

无论他怎么小心谨慎，他还是给她带来了麻烦，何况还会有其他的事出现，那不是他丁建城怎么做决定得了的。不管将来会怎样，他还是应该搬出去住。

许钢便说也好，这样的话他就替他留意。

第二天，丁建城下班回家时，董瑜正坐在饭桌边，就着杯茶吃零食，她让他也坐下一起吃。

他答应说好,但想想自己上班时出了汗,便说要先洗个澡,他不想让她闻到他身上油腻腻的味道。

他回到饭厅时,桌子上已经多了杯茶。

他和她面对面坐着,这件那件地吃着。他偷偷地看了她几次。她似乎全神贯注地享用那些零食,小核桃、话梅、橄榄,她轮着吃过去。

"我今天没吃晚饭,就为了吃它们。"他想她是想念家乡了。

"谁这么了解你,知道你爱吃这些?"他半开玩笑。

"高翊和艾米莉刚从上海回来。"

他并不认识他们,她也意识到了这点,马上补了句:"高翊,就是麦克,和我是中学同学,早我六年就到澳洲来留学了,艾米莉是他太太。"

他其实听到过麦克这个名字。突然他想认识这个高翊,还有她周围更多的朋友。她中学的同学,就是那么简单吗?他觉得自己有点过于敏感。

"你不要吃得太杂吧,当心胃不舒服。"他对她还在吃有点看不下去,平时她是节制的。

她抬起头,看了他一眼,那是很深的一眼,然后她笑了笑:"从小吃到大的东西,没事的。"

这样说着,她还是将最后一点小核桃壳从手里拍打到桌上,一边收拾一边说道:"今天就不吃了。"

"想出去看看夜景吗?"她突然问他。

"现在?会不会太晚?"他看了眼时间。

"周末市中心热闹来得晚,现在出去应该正是时候。不过……"她刚打算改主意,他忽然觉得自己太煞风景,立即说:"我们去吧。"

她笑了,说去冲个澡换衣服。

她不常这么晚出门,现在他将陪着她去度周末之夜,他有些意外的惊喜。

董瑜很快就出现在客厅里。

他不由得眼前一亮,不知道在这么短的时间里她如何让自己显得如此明艳照人。在他眼里,她一直是清淡超然的形象,然而那晚她却显露出华丽美艳的一面。

他们走进海港边一家光影魑魅的酒吧。她走到吧台点了两杯鸡尾酒,递了一杯黑褐色的给他,她自己端起一杯蓝色的,两人在露天的桌边坐下。

她轻啜一口后将酒杯放下,手指轻轻把玩着身上挂着的小包的流苏,欲言又止。

两人各自沉默地喝着自己面前的酒。他想先开口,却不知说些什么好,只能一点一点地喝着面前的酒。

她抬眼看他时,正对上他的目光。他们就这样对视了片刻。

酒精开始起作用了,他感觉得到有种暖热的感觉在身体里升起,突然间想将她的手握住。正想伸出手的刹那,他犹豫了。他的目光从她脸上移向正在拨着吉他的歌手那边。即使他的怯场只是瞬间,当他再看向她时,他意识到自己错过了最好的那个瞬间。

她的嘴角微微翘了翘,眼光变得飘忽不定,将自己的那杯酒喝了下去,轻声道:"起风了,我们回去吧。"

坐在出租车里,两人一路无语。

站在台阶上在包里摸索钥匙的时候,她对他说:"想不想学开车?我教你。"

他有些意外。他考了学牌后一直都想学开车,只是一直都

没有付诸行动。

+

花了几个星期天,在空旷的地方学了几次,丁建城就可以由董瑜陪着在静路上开车了。

亨利在晚餐时没头没脑地对丁建城说了句:"你最近有贵人相助。"

他愣了愣,看着亨利:"大师傅,你真神了。"

亨利却笑了起来:"你今天一直在哼歌嘛!"

当晚回到家里,他却吓了一跳。

董瑜躺在沙发上,喘气声有些重,茶几上放着茶杯和药盒。

"你病了?"

"牙龈发炎引起发烧,没别的事。"

"吃药了吧?你,太累了。"他的心真的揪紧了,他不记得有谁让他这样疼惜过,即使是姚露。

他摸了摸茶杯,水是凉的,便去厨房烧开水。等在那里时,他突然想起头天晚上她示范给他看如何做倒后停车,一直站在街沿上指点他,外面的风很凉,而她穿得又单薄,也许她是又累又着了凉。这样想着,他更加不安起来。

他记得她在厨房的柜子里储了中药的冲剂,水开了后,他冲了杯感冒茶端到沙发边,将仍烫的杯子放下后,发现她已睡着了。他到房间里拿过一条薄毯,靠着沙发在地毯上坐下,将毯子搭在腰间,打算就这样坐到她醒来到床上去睡他才回房间。

他突然醒来时发现她正半坐着喝他为她泡的感冒茶。见

他睁开眼,她朝他笑笑,她的眼睛有些陷下去,看起来苍白疲乏。

"凉了吗?"他问她,他担心她喝凉了的茶不好。

"还有点温,正好可以一下子喝完。"

他起来拿空了的杯子去厨房,又倒了杯温热的水过来,让她尽量多喝水。

"我知道,我向来都是自己照顾自己的。"她这么说,他的心里倒隐隐有些难受。一个单身的女人,其实必须是坚强过人的,他想。

他见她额上、鼻尖上都有细细的汗渗出来,又去浴室绞了一条热毛巾,递过去给她。她接了过去,擦了把脸。他又去用热水绞了把毛巾,过去轮流握起她的两手,轻轻地各擦了一遍,她也任他去擦。

等他去浴室挂好毛巾回来,他们都不再说话。隔了一段时间,她看看钟表:"都快凌晨一点了,你睡觉吧。"

"那你也回房间睡吧。"他想她睡到床上比沙发上要舒服些。

她点头表示好的,就去了房间。

他倒不想马上睡了,在她躺过的沙发上躺下来。陷在带着她体温的沙发里,他却再一次想起姚露来。

第二天他起床后,发觉她还在房间里,应该是没有起来。他便轻手轻脚找到绿豆和米,放进锅里煮粥。

他有些诧异她竟然睡了一整天。到晚上她起来时,似乎已是精神奕奕。

"我好了。"她口气轻松。

"别逞能,明天行吗?和银珠姐说一声,再休息一天吧?"他为她担心能否应付得来次日的工作。

"没事,不用。"她说着没事,眼神却有些黯然,为保持生意正常运作,她必须守时,那是最起码的。

说完话,她走到厨房去倒茶,丁建城一直跟着她,她端了茶杯回到客厅,丁建城还是跟在她身后,她转身面对他:"怎么了?"

"现在你身体不舒服,我想看看我能为你做什么。"

"我没那么娇气。"她听他原来是为这个,便摆摆手。

他告诉她他煮了粥,到厨房将东西拿到饭厅,叫了她过去吃饭。

他们面对面坐下,餐桌上放着绿豆粥和几样酱菜。

她开始吃,而他却不动筷子。憋了一会儿,他终于忍不住开口道:"其实你和许总的事我听人说过,这些年你一直单身,是还放不下他吗?"

她大概没有想到他会在这个时候问这样的问题,想了想,苦笑着说:"缘分是件奇妙的事,没人可以预知。"

"除了他,你有没有遇到过别的有缘分的人?"

"怎么说呢?我想是我过于苛求。青梅竹马已经成了别人的丈夫,彼此了解的,当初又各有别的约定,有吸引力的人也碰到过,可我还想等可以有心灵沟通的人,也许这世界上根本找不到这样一个人。"她苦笑着摇头。

她没有正面回答,却痛快地对他讲出些心里话,他有些意外,她一直以来对感情的深藏不露曾让他再三揣测。

他不想像在酒吧的那个晚上一样错失机会,站起来,走到她身边,将她拉着转向自己,有些拘谨地将她拢到胸口,轻轻拥住她,将她的头揽在他胸前。

她一动不动静静地靠着。他俯下脸,当他的唇刚点到她的唇,她却轻轻向外推了推他。他是敏感的,马上松开她。

"谢谢你在我生病时照顾我。"她尽量让自己保持平静。

"以后就让我一直照顾你,可以吗?"他想看着她问,却缺了点自信,低下头去轻声问。

"你寂寞吗?"她不答,却反过来问他。

"有时候,你呢?"他懂她的意思。他猜她也是寂寞的。

"我们都需要时间。"她似答非答。她是对的。

她走到书房将音响打开,他听得出她放的是常常听的歌唱家安得列波切利的唱片。

很快,她就从书房出来,问他道:"高翊的女儿快过生日了,他们请朋友到家里去开派对,你和我一起去好吗?"

"好,我挺愿意认识他的。"他总觉得高翊和董瑜有什么关联,也许她说的那个青梅竹马就是高翊吧。

丁建城没有想到高翊是长得如此细腻俊美的一个男人。他自己虽也算得上英俊,但在高翊面前,他多少有些自惭形秽。

他看得出,高翊的太太艾米莉是个有点懵懂的小女人,有着小家女被宠惯的娇气,又带着有丈夫可依赖的满足,在家里自豪地让女儿在客人面前表演学会的种种可爱表情。

他也看到了高翊看董瑜时复杂而无奈的眼光。

许钢和玲达也带了女儿来派对。两个女孩一起玩,玲达寸步不离地在边上看着女儿,许钢便和丁建城到阳台上说话。

"董姐前几天病了。"寒暄过后丁建城告诉许钢。

"严重吗?她没告诉我,你也不和我说一声,我应该去看看她。"许钢看着丁建城,担心的表情在脸上表露无疑。

"牙痛,发烧,还算好,现在基本上恢复了。"他知道这个男人心里有她。

果然,丁建城看到,许钢趁玲达和艾米莉带两个小女孩到街对面的小公园拍照片时,走到董瑜身边。"你生病怎么也不

告诉我一声？现在好彻底了吗？"他的眼神是心痛的。

她笑了笑："不是什么大病，没什么事。"

丁建城看看高翊，他似乎也在悄悄看着董瑜。

丁建城在心里暗叹："这个女人，你们都已错过了！"

许钢似乎感觉到丁建城在注意他们，便转身看看丁建城，若有所思。几个人各怀心事沉默不语。

回家时，丁建城看着开着车的董瑜问道："高翊就是你的青梅竹马吧？"

她不置可否："沧海桑田，世事难料。"

他扭头去看窗外，其实什么也看不进眼里，脑子里将他所知道的和董瑜有关联的那几位轮流过了遍筛。

年少时的董瑜和高翊在一起，应该被称为金童玉女吧；董瑜初入职场时，遇到头脑灵活、为人沉着稳健的许钢，为他心动也属正常；安东尼是各方面条件都优越的中年人，充满男人的魅力，董瑜初到澳洲，他一直在她周围，对董瑜而言，他给予她的帮助无疑是最实在而关键的；戴维高大威猛，球技出众，是迷倒众多球迷的偶像级人物。

和这些人相比，自己根本没有什么过人之处，凭什么让董瑜处处照顾他？丁建城这样想着，不免心情沮丧，见到董瑜有些拘束起来。

第 六 章

一

周二晚上是个安静的好时间。董瑜将屋里屋外都简单打扫了一下,倒了杯水,正想坐下休息,戴维过来敲门。

"有事吗?"董瑜有点意外。

戴维有点窘:"没什么事,见你院子里的灯开着。"

"彼得回来时会关掉的。想喝点什么吗?"她端起自己手中的玻璃杯喝了口水,问戴维。

戴维脸色有点红,董瑜想他应该是喝了些酒的。"水就可以了。"戴维从她手上拿过她刚喝过水的杯子,喝了几口,将水杯放下。

见董瑜走到茶几边整理报纸和杂志,他便走过去从后面轻轻环住她。

"莉莎,做我的女朋友好吗?"

"戴维,轻松点,我们是邻居,这就够了。"董瑜轻轻拨开戴维的手。

戴维听她这样讲,只在她脸上轻轻吻一下便告辞了。

隔了不多一会儿的工夫,街对面传来一对男女吵架的喧哗声。

董瑜走到前院的露台上看过去,却见戴维和一个经常到他家来、应该是报纸上猜测的、他的正牌女友的金发女郎正

在争吵。

"西尔维亚，你实在太荒谬了，我只是跟她上课，不是你想象的那样。"戴维试着让那个叫西尔维亚的女孩走进房子。西尔维亚顶多二十岁的样子，金发碧眼，身材惹火，着实是一个美女。

"我只是去告诉那个中国女人离你远点，你是我的。"西尔维亚一副不依不饶的样子，想推开戴维拦住她的手臂，声音也越发响了。

"够了，你马上进去，关于这个话题我不想再听到你说任何一个字。"戴维似乎动了真格，怒气冲冲地几乎是对西尔维亚吼叫，捉住她的手将她向屋里推。

西尔维亚被戴维不容分辩的语调吓着了，不再出声，自己走进屋去，只是将门在她背后响亮地甩上。

戴维隔了街见董瑜站在露台上，不由得有些窘迫。

"抱歉，莉莎。"他走过去，隔着栏杆对她道歉，犹豫了一下，又接着道，"如果你听到什么，请不要介意，西尔维亚太紧张了。"

"我没听到什么。"董瑜故作轻松。

经过这次小小的闹剧之后，果真有几天时间，董瑜没见到西尔维亚再来戴维家。

戴维还是照常到董瑜店里上课。一天补习结束时，他往董瑜那里靠近了些，俯身将脸凑到她面前："有些事也许我自己还不知道，西尔维亚就已经感觉到了，你让她失去了自信。"

董瑜抬起头看着他道："戴维，你不必向我解释。我不是球迷，也不追逐名人。我只是帮你补习，还是收费的。"她的世故已经让她懂得如何既让自己从旋涡中间脱离出来，又不会将事情弄到当事人没有台阶好下。

戴维还是不甘心:"董瑜,假如你可以做我的女朋友,我会离其他女人远远的。"

"戴维,西尔维亚才是你的女朋友,我看得出她很在乎你,她很漂亮。你不是常说喜欢漂亮的女人?"她揭穿他。

戴维听董瑜如此说,便知道她话里指的是报纸上他和那些美女的花边新闻,这些新闻不完全是空穴来风。

"即使有那么几个愚蠢的女人想借我出名,那也是我一直没找到一个真正能让我停止搜寻的女人。"

"希望那不是你花心的借口。"她调侃道。

他见她刀枪不入,一时又找不到别的话来说,便找个台阶下告辞了。

隔了些天,董瑜刚将车开上家里的车道,蓦然发现墙上被人扔了几个西红柿,浅黄色的院墙上红红绿绿几摊,颇为扎眼。

她正愣在那里,戴维开着车急急靠上街沿。

"西尔维亚打电话给我,说给了你点教训,原来是这个。"他跳下车,找了把扫帚,拖过盘着水管的架子将水管放开,开始刷洗。

她没有告诉他,西尔维亚还曾经到她店里去警告她,戴维一向讨厌拥到澳洲来的移民,不要妄想戴维会喜欢她。

"谢谢,戴维。"当戴维洗完后将水管盘回架子上时,董瑜谢了他。

戴维却严肃地向她道了歉,又摇头道:"她太年轻,还处在干傻事的年龄,你不要介意。"

"她只是不安,她太害怕失去你了。戴维,"她欲言又止,他看着她,等她问,"报纸上说如果明年你不退出的话,可能会转去别的城市打球,这是真的?"

"天知道这些传媒,我正在和他们洽谈,还没有确定。假如我真的去,我可以邀请你和我一起去吗?"戴维突然走上前靠近董瑜。

"为什么?这事和我完全没有干系,我不是你的女朋友,再说我的生意在这里。"她用轻松的口气说话,心却有些虚。

"生意很容易就可以出让掉的。我已经和西尔维亚说清楚了,我们不再是男女朋友。从现在开始你做我的女朋友好吗?我不是什么好人,我有过很多麻烦事,但都过去了。迈克斯介绍了亚洲文化给我,现在我想试试一个亚洲女人会否适合我。"

董瑜看了戴维一眼,问道:"戴维,你只是想尝试一下和亚洲女人在一起,对吗?你想过没有,尝试会有两种结果,是或否。"

"当我将亚洲人与我们分开时,绝对没有恶意。我相信即使是中国人当中也会有很好的人。"戴维试图解释,却将言语背后的潜台词流露出来。

董瑜咬了咬嘴唇,艰难地说:"如果两个人在一起有感觉,最先想到的绝对不会是种族。我最近比较忙,没有办法继续教你中文了,请你另外找老师吧。"

"我知道我总是说错话,但是请你理解,我们西方人和中国人不同,我是直来直去的,我一向直接说出自己在想什么。"

"你看,你还是将你和我归入完全不同的种族,看来种族这个概念是刻在你骨子里的,今后我们怎么可能朝夕相处?"

"相信我,人的想法是会改变的。我周围来自不同地方的人已经改变了我原来的看法。你还有迈克斯已经成了我的朋友,特别是你,让我改变了很多。"戴维很坦率。

董瑜沉默了一会儿,还是摇头:"我很高兴你能改变想法,

这样我们还可以做朋友，但是我不适合做你的女朋友。算我多言，我想你还是应该再给西尔维亚一个机会。"

"你确定不想和我试试？"

"我已经将自己的意思表达清楚了，这个话题我们已来回了几次，不要再说了好吗？"董瑜语气虽然柔和，但是态度坚决。

眼看自己根本无法说服董瑜，戴维突然愠怒起来，一挥手低低骂了句什么，董瑜见过他失球后常有这样的动作。

戴维马上解释："别理我，我是生自己的气。"说完便转身走到街对面，进了屋。

董瑜茫然地进了屋，坐在沙发上发呆。

电话铃响起来，她接起来，是戴维。

"对不起，刚才我有些粗鲁，请你不要介意。"戴维打电话来是补救他们的关系。

"请你也不要介意我的态度。"她也客套地回答他。

彼此礼数周全，他们还是朋友。

到了下一年的赛球季节，戴维因为转了会而要去另一个城市打球。走的那天他到董瑜家里和她告别。他给了她一个有力的拥抱："我决定了，打完今年的赛季，我就退休了，到时候悉尼再见。"

二

周六晚上丁建城回家时董瑜不在。他洗了淋浴后坐立不安地在房子里转来转去。以前她晚归，他并不至于牵肠挂肚。

他在客厅坐着看了会儿电视，也没看到什么有兴趣的节

目,便到自己房间躺下。不过他一直没有睡着,深夜一点过后他才听到她的车驶上车道,他静静地听她熄火、下车、关上车门,最后给车上锁。

听见她进屋后蹑手蹑脚地行动,他干脆开门走出房间。

"我吵醒你了还是你还没睡?"她朝他笑了笑。

"你没回家我睡不着。"他实话实说。

"谢谢你的关心,我以后尽量早回家。"丁建城感觉得到每次他往前迈一步她就往后退一步。

他在沙发上坐下,她任他一个人坐在那里,自己去洗淋浴。

当她从浴室出来见他仍坐在那里,便走过去在另一边的沙发上坐下。

他的脸色不太好。她想虽没必要,还是告诉他她晚上去了哪里,免得他瞎猜。

"今天是商会办的慈善晚餐,每个人购买一份餐券就等于为区内的患病儿童捐一份爱心。今天气氛很好,大家谈得开心就多待了一会儿。如果你不上班,我倒想为你也买一份的。"

丁建城便稍稍有些遗憾:"早知道这样我可以和别人换班跟你一起去的,偶尔换一次没问题。"

"下次碰到这样的事,我就先问你有没有空。"

"要喝水吗?"丁建城问道,过去总是由她为他准备喝的东西,他想现在他至少该为她倒杯水。

"不用了,早点睡吧。"她站起来朝自己的房间走去。

丁建城冲着她的背影追问道:"董姐,你从来都没有正面回答我,我想再问你一次,我们有机会吗?"

"我最近遇到一些事,需要一点时间处理。"她仍是在回避。

"那么我还是等。"他轻声而坚决地说。

"快中秋节了,你的生日也快到了吧?"走到房间门口时,她回转身漫不经心地问他。

她竟然记得他的生日,他心里暗喜。"是的,不过我一直都不怎么庆祝。"曾经,他的生日就是和姚露一起多烧两个菜,下两碗面,就算过了。

她淡淡一笑,说:"我也不庆祝,就怕说出来提醒自己年龄又长了一岁。"

"那天晚上我们请许总到家里来,一起吃个饭好吗?"她问他。

"好的,我换个班,我请你们到外面吃,说定了。"他一直想找机会请他们的。

丁建城生日那天,董瑜请银珠替一下她下午的班,自己出去办了些事,提早回到家里。

她停好车从行李箱里提出一个包装得很精致的方盒。那是她提前一天从法式蛋糕店订好的鲜奶栗蓉蛋糕。

她打算在去店里收拾打烊前,先将蛋糕放到家里的冰箱里,等一会儿她回家接丁建城时,再带去饭店。

董瑜一手提着蛋糕,用另一只手从提包里拿出钥匙。

门打不开。她正感觉奇怪,门里面却传出动静。

"入室盗窃!"她突然惊悚起来,迅速退下台阶。就在她掏出手机准备报警的刹那,一个似曾相识的身影在后院的玻璃房边一闪而过。那是姚露,她应该是从后门出了屋子,穿过后院玻璃房边的夹弄,开了边门走到街上去的。

董瑜赶上几步,站到院墙后枝叶茂密的无花果树下,从树叶和栏杆的空隙里看出去,姚露正从街角消失。她的心一下子沉到了最低的地方。

她踩过草坪，慢慢沿夹弄走到后院，从未上锁的后门进了屋，走到前门，想从里面将锁打开，却发现保险已经打开。

她听见浴室有哗哗的水声，便将蛋糕放进冰箱，走进丁建城的房间。

她不知道自己为什么要俯身抚摸他的床，被子和床单都是温热的。她忽然觉得自己这样做的心理阴暗促狭。就在她直起身时，看到床头柜边的废纸篓里有一个用过的安全套，她冷冷地笑了一笑。

她的包里有一张她精心挑选的生日卡。稍早些时候，她坐在商场的顾客休息座上写完生日卡，又取出私人账户的支票簿开了张支票夹在生日卡里。

她坐到书桌前，表情冷漠地从包里取出那个装着生日卡的信封，抽出卡里的支票。那是一张写了丁建城名字、金额为他付的全部房租的现金支票。她抓过一支笔，刷刷地在支票中央画了两道粗杠，在粗杠之间写下作废。

"这样就对了，他只是一个租客。"她在心里自语。

她从抽屉里取出个带锁的银色盒子，将支票放了进去。那里面有当年高翊寄到上海给她的照片，一叠安东尼在旅途中寄来的明信片，还有一个信封，里面是许钢写给她授意她动用资金的字条。

她走到屋后的平台上，做了一个极深极深的深呼吸，抬头仰望着湛蓝的天空。

一个人的旅行曾经经过的地方，有的会被慢慢忘却，有的却会永远留在记忆里，只是无论如何，那些地方都是回不去的了。

她将生日卡放回信封，塞在绑着蛋糕盒的丝带下，见丁建城还没从浴室出来，便留了张纸条，让他直接到饭店，自己就

回了店里。

打烊后,她给自己倒了杯茶,坐在店里等许钢。

"你想得到吗?小丁和姚露又在一起了。"一见面,她脸上带着一丝讥讽的微笑告诉他。

"这怎么可能?"许钢一反常态,失声喊了出来。

"是真的。"董瑜顿了顿,见他脸上仍是一副难以置信的表情,又一个字一个字地说道,"因为是我亲眼所见。"

"NO!"许钢还是呈现不愿相信的夸张表情,一边摇头,一边说了个"不"字,语气却放缓了许多。

董瑜深深地吸了口气,又长长地呼出来,同时做了个让许钢平静下来的手势:"发生这样的事,说明他们是真的相爱,只是造化弄人罢了。"

许钢叹了口气,欲言又止,表情复杂地看着董瑜。隔了会儿,他才缓缓地开口道:"有件事我没有告诉你,本来以为小丁会处理得当,现在看来,小丁是丧失理智了。"她有些吃惊地听他说下去。

"不久前小丁和我长谈过一次,他提到你和安东尼还有戴维的关系,他让我婉转地提醒你,他们不适合你。"

董瑜轻轻摇了摇头,神情有些复杂。

许钢停了一停,接着说道:"他说和你相处了一段时间,觉得自己喜欢上了你,想找机会向你表白。在这种时候,他和姚露走到一起,不是丧失理智是什么?"

"他们和我们不是一代人。"董瑜黯然低下头。

许钢伸出手,握住董瑜的手:"是的,我们那个时候,考虑得太多,特别是觉得自己负不起责任时,不会轻易表白,以至于错过真爱。现在的人,更注重自我,想的首先是满足自己的欲望。"

"也许过去我们太自虐了。"董瑜叹道。

"如果我现在告诉你,我心里一直有你,你会介意吗?"许钢依然握着董瑜的手。

"我们之间,不用问这样的问题了吧?懂彼此就好。"她缓缓抽回手。

他重重地点头。

"我们还是问问小丁那头怎样了吧。"许钢想到今天是来替丁建城庆祝生日的,便换了轻松的口气。

"你打电话吧,不要在小丁那里说我看到姚露了好吗?希望他以为我没看到他和谁在一起。"

"为他考虑那么多,难为你了。"许钢怜惜地看着她。

"我总觉得他们要比我们脆弱得多,我们有责任照顾他们。"她苦笑了一下。

"可他们未必领情啊。"许钢叹着气说。

三

当许钢和董瑜走进和丁建城约好的饭店时,丁建城正独自坐在那里发呆。

董瑜忽然感到眼睛热热的,便让许钢先过去,自己去了洗手间,她担心再迟一点,眼泪就会涌出来。从下午起,她的心情就没平静过。

董瑜看着镜子里的自己,镇定了一下。看见姚露从自家门口蹑足离开的时候,她几乎怀疑是自己误会了丁建城。她努力在脑海里回忆那晚丁建城说过的每句话。丁建城的表白是明确的,他说他会等她,况且他还对许钢吐露过心事。不过这次,董瑜心里刚刚燃起的一点火星被扑灭了。

挥一挥手,不带走一片云彩。她真的抬起手在眼前挥了一下。

她再朝镜子里看了看,幸好眼睛看上去没有太明显的不妥,这才朝外面走。

当她的眼睛和丁建城的对上时,她努力使嘴角向上翘了翘。

丁建城看向她的目光充满忐忑却还算坚定。

姚露离开丁建城后,不会知道丁建城和董瑜之间发生了什么,更不会知道这次的事对丁建城来说意味着什么。旧情复燃也好,逢场作戏也罢,于姚露而言,她自信即使她移情别恋,丁建城对她的感情也不会改变,在他的感情世界里,她可以随意去来。

丁建城却清楚,即使董瑜还不至于陷入和他之间的感情,至少拿他的表白当了真,他相信她不是没有考虑过和他走到一起的可能性,现在,他毫无疑问地伤到了她,他懊恼地怨自己没能拒绝姚露。他只有暗暗希望董瑜可以再给他一次机会。

许钢站起来为董瑜拉开椅子,她沉默着坐下。

那天晚餐的气氛是微妙的。第一次端起酒杯时,许钢对丁建城说了生日快乐,她也附和了一句,而丁建城谢了两人,除此之外,几乎没有人说话。比起丁建城的坐立不安和许钢的尴尬,董瑜倒是更坦然自若。

吃得差不多时,许钢才开口对丁建城道:"小丁,前两天我和你说起的那套单元房昨天空出来了,你想租的话马上可以搬进去。"

丁建城便说:"好,我明天就搬吧。"

许钢又说:"还是这样吧,今天我特地带了钥匙,就是准备今晚回去经过那里时,我们一起进去看看。"

"不用费事,我明天搬就是了。"丁建城低头吃着面前碗里的面条。

"反正顺路,不费什么事。"对丁建城既不问情况也不问租金的态度,许钢心里明白却不好说什么。

当许钢打开单元的门后,董瑜的心里打了个咯噔,那是一套颇为陈旧的单元,比史蒂芬分租给丁建城的更旧,灯光昏暗,地毯旧得看不出原来的颜色。她站在许钢身后不出声。

许钢对丁建城道:"原来的房租是三百三十澳元,房东还想加租,房间的条件不是很好,我劝他不要加,他同意了。"

明显地,丁建城在房租面前有些无奈。董瑜和许钢都知道,眼下这个租金对丁建城会是个沉重的负担。

他狠了狠心说道:"好,我租了。"

许钢和董瑜互相看了一眼。不用说穿,丁建城心里都明白,既然没有颜面再在董瑜那里住下去,在一房难求的行情下,他一时别无选择。

许钢握了握董瑜的肩膀,转身上了自己的车。

丁建城别扭地站在路边,董瑜轻轻说了句"上车吧",他才坐进车里。

一路上他们谁也没有开口。

"姚露来找过我了。"她将车在车道上泊好时,他才冷不防说了一句。

"哦。"她冷淡得出奇,坐在车里没动,他想她是愿意听他说些什么的。

他迫不及待地说下去:"她和史蒂芬分手了,最近遇到一个香港男人,希望她和他一起到香港结婚,她是来和我告别的,她知道今天是我的生日。"

董瑜冷漠地看了丁建城一眼:"割舍不断,就是心里放

不下。"

她说的不单是姚露,也是他,他明白。他无法否认,对姚露他做不到情断义绝,即使她对他如此绝情。董瑜对他再好,他总觉得她看不上他,而她的傲慢是深藏在她骨子里的。他的自知之明告诉他,现在在董瑜心里,他一定已是十万八千里远,无论他说什么,怎么做,也再够不到她了。

"人有时候真的会鬼迷心窍。"他胸口有种说不出口的苦,那滋味只有全部留着给自己咀嚼。

"我们都是成年人,要对自己说过的每一句话,做出的每件事负责。"即使责备,她的口吻还是轻描淡写。

"姚露知道我们以后再也不会在一起了,特地跑来和我告别,面对她,我不知道怎么拒绝。"丁建城还是说了出来。

"理解。"她冷漠地回答。

"你能原谅我吗?"丁建城转身看着她。

"那是你们两人之间的事,我只是为你们感到可惜,没有原谅不原谅可言。"他听懂了,她已然置身事外。

丁建城没有再说什么,回到房间后仰面躺到床上。

他之前的暗示也好,后来的明明白白的表白也好,他说了要给她足够的时间考虑。是或否,他都该等到她给他一句话。在这种状态下和姚露重温旧情,那是他的一种言而无信,一种背叛,无法逆转。他丧失了等她回复的资格,更没有颜面再在她家里住下去。

即使不情愿,却没有比离开更好的办法。

四

丁建城搬走后,董瑜家里恢复了清静。每天一回到家里,

不管看不看,她都让电视机开着,才不会觉得太冷清。

许钢给董瑜打来电话:"马丁刚给我发了退房通知。他说现在美国的市道不好,他的生意出了点问题,他要回美国了,而且不会很快回来。你打算继续出租吗?"

她略一思索,对许钢道:"这样的话,马丁搬走后,我去那间房子住,我现在住的这间,你帮我挂牌卖吧。"

"你确定?"许钢明白这是董瑜突然做的决定,凭他对她的了解,他什么话都不需要再说,但他还是跟着问了一声。

她没有说话,只嗯了一声。

许钢也只说了声"好"。

董瑜将自己泡进雾气氤氲的浴缸里,让暖热的水包裹住因疲乏而有些酸痛的身体,闭上双眼,思绪就开始在从前和当下间穿梭。

在她远离许钢独自来到陌生的地方时,高翊伸出的手曾经给过让她安心的扶持。她扪心自问,和高翊在一起的那些日子,自己是否放了真心进去?答案是肯定的,那时他们都曾期待过重逢之后的相恋。不管她和许钢之间有过怎样的插曲,她曾以为高翊对她是百分之百的真心,如果重逢前她就知道,在他的那边他们间相识于少年时的感情也已变色,他们还会不会有携手走过的那一段?她不知道。

利益当前,许钢借助和李桦的婚约,得以坐上中浩公司总经理的位置,还成功地为自己谋得财富。原本,他应该是为了和自己再续前缘而来,他的梦想却无法实现。只是塞翁失马,焉知非福?他的好运延续到了澳洲,靠着接受玲达,他轻易得到了居留权、海边豪宅和现成的生意。在他的世界里,出现一个心有灵犀的人,是他人生中锦上添花般额外的点缀,即便失去,也不会改变些什么。

已经发生的,何必去问缘由,问了又如何？想到这里,她拧紧的眉头不觉舒展开了些。

安东尼曾经给过她最暖心的感觉,可等她靠得离他足够近,却被他拉进他上一段婚姻留下的泥潭里。她费了很大的劲,才挣扎出来,只是她没有力气将他拉出来。她只能远远地看着他。

所有在拥有和失去间的交错都夹杂着伤害,这些伤害让她心痛,她的心里充满了矛盾,下一步该如何走下去,她忽然心生畏惧。

她想要的只是两个人简单快乐地过一份共同的生活。偏偏这世界上,多的是两个人身在一处,心却在各自的世界里,盘点自己的过往,算计各自的得失。

就这样了吗？她用毛巾裹住身体时,没有忍住眼泪。

但第二天一早,出现在伙计和客人面前时,她依然平静地微笑。

银珠却从她有些浮肿的眼睛看出来一些什么,打量了她一番,欲言又止。

直到下班前,银珠才悄声问董瑜:"有中意的人了吗？"

她黯然摇头。

看着她困扰的眼神,银珠意味深长地说了句:"如果不确定,就再等等吧,那些人都镇不住你。"

那天董瑜打开电视时,正见戴维在球场上奔跑。她坐在那里,直到看完整场球赛。她并不在乎是哪两队正在场上比拼,也不在乎结局。

转播结束后,她对屏幕上戴维一脸兴奋的特写道了声拜拜,便关上了电视。

马丁约她出去,和她告别。

他看着她说:"最近我在生意上亏了一些钱,不得不关闭这里的生意,将资金集中到一起。"

"情况还好吗?"她有些担心。

"现在还过得去。"马丁用尽量轻松的语气答她。

隔了一会儿,见董瑜不语,他终于提起这些日子他们一直在回避的话题。

"莉莎,我们是同一类人,内心有真正的优皮精神。既然我们彼此懂得欣赏对方,为什么我们不在一起呢?"

马丁是对的,初次见面,他们便已惺惺相惜。她不是没有想过,为何自己太执着于错过的人而忽略马丁?换作其他女人,绝对会将马丁定位为超级钻石王老五,怕是会为攀附上他而费尽心机。

听了马丁这番话,她内心其实也是有过些动摇的,只是一时没想好回什么话恰当,便端起杯啜了口酒。

马丁似乎猜得到她的心思,接着说道:"除了我们可以相处愉快,我也估算过我们的资产。我的生意受损后,净资产还是会比你的多,如果我们在一起,你不吃亏。还有,即使以后我们发现不适合而分开,至少金钱上你不会有损失。"

听到这里,她颔首微笑。假如硬币抛起之前她尚没有主意,现在她知道了自己正期待哪一面朝上。这的确会是一场相当公平的交易。还算有些身家的成年人谈婚论嫁之前,有如此理智的对话,也在情理之中。只是,她不喜欢。

她平静地看着他:"公平,谢谢你的提议。不过我们还是做朋友吧,我会一直都记得你。"

"当然,我始终会是你的朋友。"他并不意外,优雅地向她举了举杯。

董瑜的脸颊上泛起红晕,马丁提议道:"我们到外面坐一

会儿吧,你最好不要马上开车。"

他们在海边的长凳上坐下。

马丁有些伤感:"这也许是我最后一次和你一起看海港大桥和歌剧院了。"

"短期内还会来澳洲吗?"她知道生意起落的周期也许几年,甚至几十年。

"暂时不会。"他比她更清楚,"你可以随时到美国来,我们在美国见。"

她点头说一定。马丁依然是那个收放自如的马丁,可以做到潇洒退后,体面离场。她开车将马丁送到他门口,因为他的车已经卖了。

开门下车前,马丁转脸看着她道:"当你觉得很茫然时,记得一切都是暂时的。我知道你还是会坚持你认定的目标,但是不要让自己太累。不要捆住自己的身体和灵魂,做回自我。"

她不得不承认,他真的是了解她的。也许到了合适的时机,她会重新安排。

过了些天的晚上,董瑜正打算淋浴,手机响起来了。她没有穿衣服,走出浴室到厅里的咖啡桌前拿起电话。独居真的很自由,很好。在接通电话前她这样想。

出乎她的意料,是丁建城的声音:"记得李总吗?他现在正在澳洲处理一些事,他向我提起你,想和你见个面。"

"李杨?"董瑜几乎没有思考就说出这个名字。

董瑜毫不犹豫地答应和李杨见面。

当年自己为许钢所做的事,她至今想起来心口还会有被针尖扎似的刺痛。

李杨本来打算给她的是公司内部的严厉处置,但她心里从来没有怨过。她知道最终还是因为李杨的宽容,那件事才

没有被上升到进入司法步骤,使她也好,许钢也好,得以避过更大的劫难。她一直想当面向他表达自己的感激,却还没有机会。

五

董瑜走进歌剧院对面朝向大海的酒店大堂,一眼就看见了坐在靠窗沙发上的李杨。

李杨也一眼便认出了她,站起身来迎向她。

阔别多年,他依然高大挺拔,肤色黝黑,只是额头明显多了几条皱纹,鬓边也生出丝丝灰发。

她伸出手去,李杨一边握住,一边出乎意料地给了她一个拥抱,这一抱有点长,她不再觉得他是她曾经的上司,更像久别重逢的亲朋。她的眼睛一下湿润了。那是她需要的感觉,来自一个高大男人的有力臂弯。

"这些年你过得好吗?"当他们在咖啡廊面对面坐下,他看着她,一个久违了的故人,尽管当初他们并不是很熟悉。

"一言难尽,"她幽幽地答道,"算不错吧,不过可以更好。"

他为她的答案做了注解:"你是说,你知足,但是内心并不满足,对吗?"

她有些诧异,她从未能用这样寥寥数个字概括自己的状态,原来他竟如此通透明白。她的眼光不由得在他脸上多停留了一会儿,他正看着她微笑。除了在会上,这还是她第一次见到李杨的笑容,单独地,近距离地。他笑起来有点孩子气,她禁不住也笑了一笑。

"你呢,好吗?"片刻的沉默后,她开口问他。她发现自己想不出更好的话题。

"和你一样,一言难尽。你有时间吗?如果你愿意说,我想听你全部的故事。"他看着她。

"如果用你的故事交换,我就说。"她突然对眼前这个男人充满好奇。

"我还有两天就回国了。"李杨的浓眉皱拢起来,她看得出他脸上写着对于必须在安排好的时间回国的无奈。

"我白天需要工作,这两天晚上你有必须做的事吗?"她略一思索,直截了当地问他的行程。那样她可以在他预先安排掉的时间之余,做她的安排。

他带些歉意地说:"我这次来时间安排得比较紧凑。这两天还要和几家合作公司的管理人员会面,晚上也已约满。"

"来日方长。"她神情淡定,内心却怅然若失。

他看着她:"你比出来前老成多了,当年你还是比较青涩的,像……"他想用一件东西比喻又怕有些不恰当的轻佻。

"桃子,是吗?"她替他说出来后自己又不由得笑了出来。他也跟着笑了。

气氛顿时松弛了不少。

他喝完了杯里的咖啡,抬腕看看表:"时间还早,到我房间接着说会儿话吧。"

她本想告辞,听他邀请,便说好。

在他房间坐下后,她转了一个话题。"我从报纸上看到了你父亲逝世的消息。"

"你母亲的老首长也走了。"

她点点头,神情黯然:"他们都是新中国的功臣。"

李杨的眼眶有点红:"我对我父亲的感情里,不只有父子亲情,更多的是发自内心的敬重,对他的过世,我心里其实一直都无法迈过这道坎。"这话他从未对任何人说过。

"我懂得失去至亲的心情。和我感情很深的外婆走后,我很久都不愿接受事实。有些心情无人可说,只能劝慰自己,永远离开的人,就让他们活在心里。"

李杨伸出手握住董瑜的肩:"活在心里,这话说得好。"

董瑜潸然泪下,见他递上纸巾盒,忙接过去擦了眼泪。

"你还是一个人过?"他问她。

她抿紧了唇点头,算是回答。

"你不容易。"李杨知道眼前的这个女人独自走了那么远,是到了需要一副主心骨的时候了,"我也是一个人,能够体会。"他又补了一句,"我自认是一个坚强的人,希望你也是。"

她眼里有一丝诧异:"我记得你太太以前是电视台的主持人。"

"你还记得?我们之间出现了不少问题,虽然我们尽量互相迁就,但到后来她还是离开我去了加拿大,我们已经办妥了离婚手续。"

"很遗憾。"她真的为他遗憾,当年的女主持人赢了多个追求李杨的名人美女,成为李杨的太太,这在公司里是人们津津乐道的事。

"你父母好吗?"他转了话题。

"很好,他们买了栋市郊的别墅,正种花养草享受悠闲的退休生活。但是他们也渐渐老了,我没有兄弟姐妹,所以我希望他们能来澳洲和我一起生活,我好照料他们。"

"你觉得合适的话,我想回国后去看望他们。"

"那么我先谢谢你了。"

她转而一想,突然记起他们刚才的对话,不由得问:"你怎么知道陈伯伯是我母亲的老首长?"

"你的陈伯伯也就是我的陈叔叔。那年你陈伯伯到上海休

养,你和你母亲去探望他。你们离开西郊别墅时,我正好刚到那里。我在别墅的大门口见到了你和你母亲,我当时在车上,你一定没有留意到。就是那次陈伯伯向我说起你母亲和他是同乡,她在军区医院当医生时,治好了他的病。他告诉我你的情况,问我能否解决。虽然只看到过你一眼,我相信自己看人的眼力。"他如实告诉她。

她恍然大悟,原来,那个一直在暗中照顾她的人竟然是李杨。和原来公司里相同资历的人比,自己曾顺风顺水,她想他原来也是徇了些私情的,而自己只是一直蒙在鼓里。

"原来你是罩在我头上的那把安全伞,提拔我也是你授意的吧?"

"不是。我只是将你安排进公司,后来的路是靠你自己走的。坦率讲,那时你还只能算是一只丑小鸭,我当时完全想象不到你现在的样子。"

犹豫了一下后,她有些艰难地开口道:"当年的那件事,我到现在还很内疚。"

李杨听她这么说,便马上自我检讨道:"那件事刚发生时,我对情况了解得不够全面,后来知道了真相,就想联系到你,却一直没有机会。如果你觉得我对你的处理太严厉,不尽人情,希望你能谅解。"

听李杨这么说,她便知道他应该是了解了这些年来她一直背负着的所有委屈,她的眼泪忍不住再次涌了出来。"那时候我太不成熟,那件事确实是我做错了,对不起,我不知道当年为什么会那样天真。"她垂下头。

李杨又将纸巾盒递过去。她边擦眼泪边说:"我平时不是这样的。"

他知道她是指在他面前流了多次的泪,轻声道:"没关系,

想哭就哭吧。"

她却将泪擦干,抬头重新看着他。

他便继续说:"我其实早就感觉那事和许钢有直接的关系,但是那时我妹妹也年轻单纯,她和许钢已经登记结婚,那是无法改变的事,我追究太深的话会伤害我妹妹,我那样做,实际上顾忌了些亲情。好在国家的资金没有流失。公司要经营,生活也要继续。"

"你妹妹现在好吗?"她这样问他,多半是出于礼貌。

他点头道:"经过一次打击,成熟多了。后来和我父亲一个老战友的儿子结了婚,现在在北京工作,各方面都不错。"

她微微点头:"有稳定的家庭就好。"

他站起来,走到她边上,大幅度地摆了摆手:"好了,从现在起,我们就都不要再提这件事了。"

她真的不用多说,他摆手之间的大度已包容了一切。

六

李杨如期回了国。

没多少日子董瑜收到他的信。从信箱里取出那个浅蓝色信封的时候,她脸上情不自禁地浮现出笑容。他的字硬朗中透着英气。

除了报平安,他还告诉她他很快会再到悉尼。

她住着的小楼很快就有了买家。

打包,搬家,拆封,整理,花了她几个月的时间。

刚停歇下来,丁建城给她来了电话。

"我买下一家饭店的生意,开张那天,想请你和许总来聚一聚。"他的声音中有点忐忑。

"一定。"她欣然答应。

丁建城搬走后,董瑜和许钢都没有再和他碰过面。这次在他的饭店开业时再见,她内心已然波澜不兴。

许钢认出在收银台前的年轻女子以前和丁建城在一个餐馆打工。

见许钢打量着那女子,丁建城忙介绍道:"我未婚妻天娜,我们打算等店里的生意上了轨道再办婚礼,到时候你们一定要来。"

从丁建城那里出来,许钢问董瑜有没有更多的计划。他是在提醒她手中有卖出小楼之后的资金。其实,一个大胆的计划已在她脑中成形。她让许钢将现在自己住着的房子也挂牌到市场上出售。

这次许钢瞪大了眼睛,没有立即答应。不顾许钢的疑问,她让他按她说的做便是。

见许钢仍有些疑惑,她稳稳地说道:"以退为进。"

许钢看着她思忖了一小会儿,点头道:"你一定胸有成竹了。"她报以一笑。

最先来看房的是一对中年夫妇。

许钢陪着他们离开后只隔了半个小时,便给董瑜打来电话:"刚才的那对夫妇愿意在底价上加十万澳元。"

董瑜有点意外:"理由呢?"

"那家太太不工作,平时就喜欢在花园里栽花种草,她一眼便爱上这个庭院的布局,怕被别人占了先。你是否要再等等,看拍卖时有没有更好的出价?"

"不用等,就是他们了。"董瑜欣然道。她知道对这栋房子来讲,那对夫妇会是最理想的下一任主人。

董瑜将这消息告诉了马丁,她半开玩笑地说道:"没想到

你的园艺还给我带来额外的财富。"

还清贷款，手里握着卖掉两套房子的盈利，董瑜启动了她的新计划。

她向乔伊借下店铺楼上刚腾空的一套单元给自己住。

当西南近郊一个镇上的购物中心的广告出现在计算机屏幕上的第一天，董瑜便将店托给银珠，独自驱车去了那里。

在镇上的旅店住了两晚后，她果断地买下了购物中心的物业。

"你让我刮目相看。"找来许钢签委托管理合约时，许钢看着坐在他对面的董瑜由衷地说道。

董瑜转动了一下椅子，气定神闲。

李杨从上海打电话给她："我相信你自有分寸，不过还是想确定你对这次的投资有多少把握。我查询过，那个购物中心附近的房价不高，住宅也并不密集，而现在你们那儿的银行贷款利率已达到近几年的最高峰。"

她听得出他在为她担心，一时却不知如何解释让他宽下心，索性故意用开玩笑的口吻说道："就凭我是从你公司的投资部出来的这点，你就可以放心了。"

她知道就是因为那个区域不少地方空旷荒僻，追逐热点的投资者并不看好，目前银行贷款利率又节节攀升，所以购物中心原先的持有人报出的价格偏低。去那里住的两天内，她带上地图将方圆五公里的地方转了个遍，心里便有了底，确信她的选择绝非盲目。

"我看好你。但是万一你有需要，我会做你的后援。"听到他底气十足的语调，她心里一暖。

购物中心交割翌日，董瑜请餐馆的一班人马到购物中心内的美食角聚餐。

"还想买自己的餐馆吗?"她问凯丽和杰克夫妇。

"对,像你这家一样的就好。"杰克答道。

"我正打算出让,已经做好估价,如果你们有意,我愿意半价给你们,你们商量一下是否要接手,三天内给我答复。"她知道自己不会有精力兼顾餐馆的生意。

凯丽和杰克喜出望外,说不用等,当下就决定将餐馆接过去。只是凯丽要银珠一定要留在那里管事,银珠自然答应下来。

没过多久,许钢就给董瑜带来一个消息,购物中心附近将建造一批新式城市住宅。

见董瑜一脸神秘兮兮的样子,许钢一脸懵懂。

"我当时实地考察那个商场时,发现早晚政府都会决定往纵深开发,而这个区刚好在铁路的延长线上,不远处的旧工厂仓库和周围荒废的空地很有可能会在短期内被开发商买去建房。所以我宁可先不买自己的住所,也甘冒风险将钱投在这个购物中心,为的就是和别的投资者抢时间。"

"恭喜,你领先了一步。"她还未说完,许钢便知道她已经成功。

原来她早已预料到这些。只是这次她非但没有征求他的意见,竟连提都未曾向他提起,他心里未免有些失落。

果然,住宅区开工后,周围物业租金大幅上升,水涨船高,董瑜的购物中心一铺难求。

"我发现你不单有眼光、有魄力,还是一个幸运的人,上天总是眷顾你。"许钢感慨地对她说。

她双手比画着做了个天平的样子:"上天是公平的,我在某些方面幸运,另一些方面运气就未必那么好了,你也有你的幸运之处。"

她对购物中心的管理措施进行的调整渐渐起了作用,物业有许钢管着,购物中心的事,经理比利会随时通过各种电子设备向她报告,陆陆续续,日常事务都开始有规律地运行在了正常的轨道上。

是时候兑现对她父母的承诺了。她买下的是一栋乡郊别墅,屋子前后一公顷大的场地里,栽有百十株果树,董瑜给别墅起了个名:侬家。

改建侬家花了她一些精力,不过她很快将生活安排出规律。

平日的节奏一慢下来,董瑜便想起安东尼的再次出游,带着苦涩的惆怅慢慢从胸口升起,在她身体上蔓延开来,一天浓似一天。只有到了侬家,戴上宽沿草帽,带着工具包,握着修剪树枝的大剪刀在果树间攀高爬低时,她才会暂时忘记他。

她决定到侬家去住上一段时间。

"想去住多久?"许钢问她。

"没计划。"她真的不知道什么时候可以忘记安东尼。

李杨自悉尼回去后,便时常和她联系。每次董瑜只要将发生的事说给他听,自己便会像卸下重负似的松一口气。他偶尔也会讲些他的状况,不过更多的时候,是他听她讲。

一天夜里,她坐在侬家客厅的沙发上打开手提电脑。

邮箱里依然没有安东尼的消息。

她的心沉沉的,不由得对着屏幕发呆。

叮咚一声,信息提示音响了。是李杨。

不知为何,她突然决定告诉他安东尼的事。

几年的事在键盘上浓缩成了几段话,他静静地听她诉说。

你值得拥有更好的爱——最后他只简单地回了几个字。

不知不觉中,再想起安东尼时,她没有了那种压在胸口不

上不下、挥之不去的感觉。当她以为可以不再想安东尼时,安东尼却给她来了一封长长的电邮。

"我不得不承认,第一次见到你,我就知道会和你有不寻常的经历。我以为一个人生活会很好,却在离开你后,陷入对你的思念无法自拔。我怀念和你一起坐在家里的餐桌边分享晚餐的情景。最早的时候,我曾经在你面前故作冷淡,为的是让你更在意我。但是后来我让你不要在乎我和其他女人来往,却是怕你爱上我,因为我的婚姻失败后,我不想再将感情放在一个女人身上。如果那样伤害了你,请你原谅。我现在的工作合约就快到期了,马上就可以回悉尼。我越来越想念你,希望可以和你一起过下一个圣诞节。重逢之后,让我们好好地爱对方吧。"

换作以往,读完他这样的一封信,她也许会涕泪交流,此刻她却平静地将那些感动人的话读完。

他终于承认了。也许她想要的,只是这些,而他却曾经那么不羁和骄傲。

她一遍遍删除写好的回复,最后只写下"当你累了,就回到你的家澳大利亚"这样的一句话。按下发送键时,她的眼还是湿了。

十二月时,李杨再次到了悉尼。

"我给你带来一个惊喜。"董瑜接起他在酒店打给她的电话时,他故作神秘。

七

一路停停走走,看看风景,三个多小时的车程还不算太闷。李杨驾着四驱车拐过一个葱茏的山头,一片广阔碧绿的草

原呈现在几个人的眼前。

按地图找到董瑜的侬家,在门前停好车后,李杨给她打了个电话。他跨出车门,做了个深呼吸,精神顿时一爽。

董瑜的身影出现在草地中间的小径上。他走过去,向她张开双臂。她抬头看时,见到的不只李杨一个人,严宏、季平和赵磊三个人也在朝她挥手。这就是李杨说的惊喜,她无比雀跃地上前,和他们一一拥抱。

"在这里见到大家太好了!十几年来,今天是我最开心的一天。"她感觉自己快要喜极而泣了。

她将他们迎进客厅,一边为他们泡制咖啡,一边问李杨道:"你昨天才下飞机,今天又开远路,累了吧?"

李杨摆摆手:"我还不算太老,没那么容易累。"

董瑜为各人端上咖啡,又去厨房取来一个托盘,上面堆满了甜甜咸咸的各种点心。

"一路过来辛苦了,现在离晚餐还有一段时间,先吃些下午茶吧。"

李杨暗想,他们从酒店吃了早餐出发,在几处风景秀丽的地方停了车休息,错过了午餐,正有些饿,她真是个细心体贴的女人,丰盛的点心看来是她特意为他们准备的。

各人就着咖啡,津津有味地吃光了整盘点心。

"好吃,纸杯蛋糕还有没有,我还想来一个。"小赵和董瑜最熟,不用客套。

"没了,我明天再做些。"董瑜拿过一个玻璃罐,里面有些饼干。

小赵拿过去全倒在托盘上,边吃边看着她问:"你是说,这些点心是你自己做的?"董瑜笑道:"还有你手里的饼干也是。"

严宏啧啧称奇:"不敢想象当初的小董现在还是厨房里的一把好手。"

李杨听严宏说这话,便微笑着转脸看着董瑜,从上次见到她,他已知道和从前比,她已是脱胎换骨了。

董瑜又道:"你们都在我这里住下,想住多久都可以,晚上我们就可以喝酒喝到尽兴,庆祝我们他乡遇故知。"

各人并不客套,都说好。李杨也欣然点头:"今晚我们就都开怀畅饮。"

董瑜便建议大家都到厨房去坐,她可以边和他们说话边准备晚餐。

乡郊的房子大,厨房也宽敞,除了饭厅有餐桌椅,厨房里靠窗的一面也有一整套的餐桌椅,众人移到那里坐下后,董瑜为他们沏了壶绿茶,又不知从哪里变出果仁、薯片之类的零食,让他们边吃边聊,自己就开始在水池和料理台边忙碌。

小赵在边上徒劳地想帮忙却无处下手,严宏便让他还不如坐下,和大家一起看她做,免得越帮越忙。

董瑜将一盘通心粉放进烤炉后,从壁橱里取出一块桌布走去饭厅。

李杨跟着她过去,帮她一起将桌布在餐台上铺好。那是块厚厚的白色线织桌布,桌边垂下的长长的布沿上绣了精致的常春藤图案。在餐台中央,她放上插着纯白蜡烛的古董银烛台和插了鲜花的水晶花瓶。

见她如此隆重,李杨不由得会心地微微笑了笑。

董瑜对李杨道:"你等着,我去地下室拿几瓶酒。"

他说:"我和你一起去看看吧。"她便在前面带路。

董瑜打开地下室的门,转身嘱咐李杨:"小心上面。"

李杨抬眼一看,门框果然低矮,赶紧弯下腰,才不至于撞

到前额。

　　这个被称作地下室的储物间，因是依地势而建，有一部分是在地面上的，露出地面的那面带有通风的窗口。窗口不大，里面的自然光很弱。

　　董瑜开了灯，李杨才发现里面层高很低，董瑜刚刚可以勉强站直，他却需要一直弯着腰。

　　他一转身时，头还是在木架上碰了一下。

　　董瑜不好意思地笑笑："你长得高，在地下室里面随时要小心。"

　　李杨摆手道："这点不算什么事，这样的房子对我来说挺新鲜的，我愿意跟着你看看。"

　　董瑜从一排木架上选了四瓶红酒，交了两瓶给李杨，自己手上拿了两瓶，小心地想准备好钥匙等下锁门。李杨便将先前的两瓶酒并在一只手里，伸出另一只手接过她手上的那两瓶："交给我。"

　　董瑜递过酒瓶时抬眼看了看李杨，仰起的脸离李杨略弯着身体时俯下的脸很近。她的心突然猛跳起来。李杨似乎也有相同的感觉，董瑜见他愣了一愣。

　　只一瞬间，两人都回过神来，董瑜默默地锁了门。两人一路并不说话，沉默着回到厨房。

　　小赵见李杨双手各拿着两瓶酒，忙说："怎么不叫我去帮忙？"

　　严宏也笑道："到小董这里，李总又开车又帮忙拿东西，我们帮不上忙，干脆就享福到底，等着吃现成的吧。"

　　董瑜在那里自言自语道："我们现在有面包、开胃菜、主菜，再做一个甜点吧。"

　　"今天请我们吃西餐呀，我等不及尝你的手艺了。"小赵听

见她说的话,做出心急的样子。

"不用太多,都是老朋友了,随便点,不要太忙累着自己。"李杨说这话时,是真怕他们一众人的到访让她太忙碌。

"我们多少年没聚在一块了,我希望这顿晚餐完美一点。"

看见她执着的表情,李杨点头道:"好吧,那我们今天就有口福了。"

董瑜围上围裙,将一应材料放在料理台上后,驾轻就熟地开始操作。

季平看着她,不由得笑了出来,对严宏说道:"我和你想的一样,要不是亲眼见到,怎么也想象不出当初的小董现在完全成了能干的主妇。"

董瑜已沉浸到料理食物的情绪中,双手稳健快速地工作,直到看起来一切都做妥帖时,她才松了口气。

她一抬头,见李杨正全神贯注地看着自己,歉意地朝他笑了笑:"不能陪你们聊天,闷了吧?"

"没有,我们这样边吃零食边聊天,实质上是在开会,也是工作,只是心情更悠闲。"李杨说的是真话。

"好了,大家坐到餐厅去吧。"

她为每人斟上红酒,端起自己面前的酒杯:"为了我们的重逢!"

众人都举起杯:"为了我们的重逢!"

几个人海阔天空地随意说想说的话,董瑜觉得这是她人生中最惬意的时刻。

她不时为他们斟酒,酒到酣时,她不由得用一把叉击打着酒杯道:"有朋自远方来,不亦乐乎!古人真的懂什么是有感而发啊!"

说话间众人已喝完了四瓶红酒,她想去地下室再取酒来,

李杨看到她绯红的脸色,忙笑着伸手示意道:"你看你的脸,还能喝吗?我看大家都差不多了,不要再添了。"

她就笑道:"我大概已经喝多了。"众人也都说喝足了,她听出众人言语间都有些微微的醉意。

"我们来一次给你添了不少事,你辛苦了,我来洗碗吧。"李杨主动去揽洗碗的差事,严宏他们几个听到,便借了酒劲,趁机起哄。

她忙说道:"不用,有洗碗机。"

见她将餐具送进洗碗机,李杨便对大家道:"今天大家都累了,早点休息吧,明天我们再谈正事。"他这么说是想让她早点休息。

各人出门从车上提下行李,回到屋里时,董瑜已经收拾好了桌面。

她领他们到走廊尽头的两个房间:"早点睡吧。"

目送他们各自进了房间后,她走到书房打开计算机。

八

董瑜处理完一连串电邮,觉得有些渴,便到厨房去倒水喝。

在走廊上,她见到李杨迎面走来。

"我睡不着,出来走走,见你书房的灯还亮着。你不累吗?"

她见他担忧的样子,不由得笑了:"那只是我的生活方式,我喜欢在夜深人静时做案头工作,晚上早了我不太睡得着。"

"我也习惯晚上工作。反正我们都睡不着,还是谈谈吧。"他自顾自朝客厅走,在一张沙发上坐下。

她跟了过去:"我去倒茶。"

她端了茶过来，在他一侧的另一张沙发上坐下来。

"你带着你的智囊团到这里来一定是有大事的，能否说来听听。"

他简短告诉她，他上次回去后，产生了到澳洲投资的设想，为慎重起见，这次由几个人共同来进行详细的考察，不能拿大笔的资金冒险。

她沉吟了片刻，缓缓说道："这里的确有很大的空间，能过来投资是件好事，不过事先真的需要有周密详尽的测算。还有，对能否通过澳洲的审批手续也要有思想准备。"

他点头道："是啊，我会慎重对待这些。"

他接着对她说："上次到澳洲来，我特地约了这里精通海外资金投资政策的朋友见面。即使公司还在考察阶段，也需要有可靠的人在这里处理具体的事，你是最理想的人选，我想请你做我的助理。"

她有些意外，继而淡淡地摇头道："如果你是为了这个找我，那我只能说对不起了。在澳洲我只是个普普通通的小生意人，幸运的是我的付出得到了些许回报。不管你是否会觉得我胸无大志，走到现在这一步，在财富上我已经不想追求太高的目标。这些年，我经历了不少事，现在我只想为个人做些安排。"

"我了解你以前的工作，但是你还年轻，就不想再施展自己的才华吗？还有，你已经在这里生活了多年，你的经验正是我需要的，就算帮我，可以吗？"他诚心诚意地再试着说服她。

"我在这里自由惯了，不会习惯过多的束缚，所以我不想再有一份一成不变的工作了。你还是公开招聘吧，我相信这里藏龙卧虎，很多人有特长，有机会发挥的话他们会抓住的。"

李杨看得出,她并非虚情假意推脱,有心想说些别的缓一缓,口齿竟有些木讷,不知从何说起,看着她欲言又止。

静了一会儿,还是董瑜轻轻说道:"今天你应该很累了,早点休息吧。"

他点头说好:"你考虑一下我的提议,随时给我回音。"

他刚站起身,她却又开口道:"你的书面数据可以留一份给我吗?我想了解些前因后果,你不在澳洲时,我也许可以帮你做点力所能及的事,不过只能是友情客串。"

他脸上泛起笑容,压低声音道:"我知道,你对我的事不会无动于衷。"

翌日早上,李杨漱洗完到客厅时,董瑜正在准备早餐。

"到屋外呼吸一下新鲜空气吧。"她建议道。

其实透过玻璃窗能看到金色的阳光和碧绿的草地早已吸引了他,这时严宏他们也出了卧室,几个人便一起走到门外。

早晨的新鲜空气带着清爽的花香沁入心田,各人不由得都做起了深呼吸。

"洗肺了。"小赵一踏进门,便兴奋地嚷道。

董瑜有些得意地笑着将早餐摆放在桌上。

"真是世外桃源。"严宏由衷地慨叹。

见她到厨房去,李杨跟了过去:"有没有想过我昨晚的提议?"

她摇头:"我父母正打算订机票来这里,我有照顾他们的责任。"

"那就是说你需要一直留在澳洲了吗?"

"我父母年纪大了,他们需要我。"她心意已决。

李杨有些怅然,但听她语气坚定,便不再说什么。

送别众人后,董瑜稍作安排即从侬家出发。圣诞节前购物

中心有一连串的活动要安排,她需要到市区去住一段日子,过完圣诞才能回到这里。

九

董瑜将堆在办公桌上的单据处理好,分门别类归了档,正打算去商场各处转转,电话响了。

"我们两天后回到悉尼,直接转机回上海,这次就没有时间再见面了。"李杨的声音难掩失望。

刚到佩思,他就知悉他们很可能会在佩思额外停留一天,回到悉尼停留一晚回国,他们约了那晚一起吃饭。

原先期待在李杨回去前会再见到他,现在却要落空,董瑜竟然感觉到失望,她黯然地说了声"真遗憾"。

"下次见面不知会是什么时候。"李杨的语调也伤感起来,那从来都不是他说话的风格,不过转瞬他便恢复了一贯的精明,"来日方长。"他用了她说过的话。

节前的购物热让董瑜和商场的员工们忙碌了好一阵,圣诞节真的在眼前时,董瑜倒不如之前那么紧张了。事先的安排都已布置下去,比利和员工们做得有条有理,她可以松口气了。

平安夜董瑜还有一件大事要办。她要到机场去接她父母。

她站在国际到达大厅的人群中,目不转睛地看着出关的通道口。

突然,李杨和董仲康推着行李车出现在人流中,她母亲紧跟在他们身后也出现在她面前。她惊喜交加,低低地惊叹一声"天哪!"她的眼泪未能禁得住这份意外的冲击。

他告诉她,他知道她父母的行程后,以私人原因向公司告了几天假,买了同一班飞机的票护送他们,只是他必须在元旦

当天回去。

　　蒋文萱在一旁像个淘气的孩子似的告诉董瑜,李杨从悉尼回上海后去看望他们,不放心他们两位老人要带上那么多行李出远门,决定亲自送他们到澳洲。

　　董瑜感激地看了李杨一眼。

　　李杨趁她父母不注意,轻声在她耳边说:"我想我们可以在一起过圣诞,讲讲我们上次没来得及讲的故事。"

　　这个曾经是她上司,以严肃出名的男人居然可以如此感性浪漫。这次她想她是真的被他感动了。

　　见董仲康和蒋文萱已将李杨当成家人,在他们面前李杨也没有把自己当外人,董瑜倒隐隐地有些忧心。

　　四个人在一处过完圣诞节,董瑜将她父母在侬家安顿好,李杨也快到该回去的时候了。侬家离机场远,李杨启程前一天,董瑜便和他一起先回市区。

　　坐在街角的小咖啡馆,随意地看着街上的景色,李杨长长地舒了口气道:"多少年了,我都没这么悠闲过。"

　　她眯起眼,抬脸朝向午后的阳光:"我也是难得如此消磨时间,整年忙忙碌碌,哪里能时常逛商场、美容、饮茶吃饭。"

　　"今晚我请你吃海鲜大餐吧。"他拉她朝海湾方向走。

　　"好啊,惯坏我吧。"她笑了。

　　生命中的有些事就是有难言的奇妙,现在她居然会对李杨撒娇。

　　夜色已深。想到离别的时刻就在眼前,两个人都有些不愿

让最后的一个夜晚匆匆过去,到了她家,便事先有了默契似的在客厅坐下。

他轻声说道:"我仔细想过你上次说的话。"

她看着他:"什么?"

"你不想再被一份工作牵绊。"

"是啊,我散漫惯了,听说过一句俗话吗?讨饭三年怕做官。"

他被她的比喻惹得呵呵地笑出来。

她也笑:"玩笑归玩笑,我是说真的。我父母再潇洒,也忍不住催我考虑终身大事,怕我错过生孩子的时机,我也真的该为自己做点什么了。"

"上次你说起的那位,你们还有可能发展吗?"他小心地试着问。

她摇了摇头:"我们不会有将来。"于她,安东尼曾令她两次伤在同一处,如今伤处紫痂剥落,纵然疤痕仍在,伤口已然痊愈。

"这些年,你就没有再遇到其他的人吗?"

谈到这个话题,她目光黯淡下来:"也不是没有,可能是缘分不够吧。"

"你相信缘分?"

她点头:"不然有些事无法解释。"

他看着她的脸庞心思涌动。十几年来,岁月在她的容颜上留下了淡淡的印迹,她的脸上既有成熟女人的风韵,也写着孤独。从上次回去开始,他的心里装得满满的都是她。

他跨前一步,张开双臂从她身后将她拥在自己胸前。

一阵磁场般的感觉立刻传遍她全身,她相信他也感觉得到她轻微的战栗,她轻轻闭上眼。

但只是一瞬间,她就将他的手拨开,仰视着他。

"为什么是我?"她低声道,不知道是在问李杨还是自己。

"我以前也没想到。我确定自己对你有感觉,是上次在酒窖里靠近你的时候,在我的一生里,那种感觉我还是第一次体会到,想到你,我完全做不到无动于衷。"

"这也许只是一时冲动,很快就会过去的。"她不知自己为何开始退缩。

"这些年来,我不是不期待遇到适合我的人,但是我从来没有找到,直到上次来澳洲,我相信你就是我要找的人。"

她看着他:"你了解我吗?"她虽信他,但心里仍有些许疑虑,他知道她的问题包含了许多。

他将手搁在她肩头久久地凝视她。

当年在西郊别墅,他坐在车里时第一次看到了她。陈叔叔只向他简单地介绍了她的情况,他心里便有了个大概的轮廓。

她出身于良好的家庭,清丽恬淡,气质独特,虽然只是涉世尚浅的学生,却已是有情有义的性情中人,他毫不犹豫地将她招入自己的公司。

他不动声色地继续观察她。聪明,勤奋,做事有条不紊,她的表现令他非常欣慰,便有意重用提拔她,但她辜负了他,出乎意料地擅自动用了工厂的资金。那时他也听到了关于她和许钢的流短蜚长,他的心便为自己的妹妹李桦也为她悬空。

当她坐在他对面,向他分析公开那件事的利弊并向他提出她的条件时,他对她刮目相看,反而欣赏起她难得的胆识。即使她离开了,他仍辗转打听她的消息。

从丁建城那里,他知道了许钢到了澳洲却错过了她,私心里他似乎为此庆幸。许多年之后,他终于得以与她重逢。

她敏锐的投资眼光,成熟的个性,对人的体贴入微,无一

不让他心动。她单身至今,难道这就是上天早已安排好的缘分,她和自己一样,也一直等待一个对的人吗?

现在她就在他的面前,他不能错过这样的一个女人。

"我懂你,也知道自己要什么。"他确定。

此刻董瑜内心也已翻江倒海。李杨,这个曾经对她铁面无私的男人,虽然冷峻严肃的外表令人对他敬而远之,他身上却有一种神秘的魅力,只有靠近他,才能感受到他内心的热量。

重逢后短短的相处,让董瑜这些年所有的委屈和失望凝成的等待有所依托。他像自己的家人一样亲密可靠,她可以放心地将自己的所有交付给他。这是前所未有的一种感觉。她不由得将手交到他张开的手掌里。

淡淡的阳光透过玻璃窗投射在早餐桌上时,他看着她泛着红晕的脸颊,握住她的手:"希望你不要在意我的过去,和我结婚好吗?"

她注视着他的眼:"谁都有些过去。只是关于结婚的问题,我还需要一点时间。"她还是有她的忧虑。

他看着她的眼神充满自信:"好,我会等。"

李杨回去后,给董瑜传来的消息证实了她预想的结果。综合了所有信息,中浩集团公司否定了在澳洲投资的设想。

理智和情感面前,他不徇私。

董瑜回到侬家时,蒋文萱拉她在沙发上坐下,单刀直入:"李总是个靠谱的男人,你和他在一起,我和你爸爸都会放心。"

在父母跟前,董瑜没有掩饰对李杨的好感,但她的眉头还是拧拢来:"我在这里做自己的生意,你们在这里也需要我照顾,他的事业在国内,我们两地分隔,这是我们要面对的现实。"

蒋文萱朝董仲康看去,董仲康用眼神示意,她便说下去:

"我们在这里住了一段时间,不少风景名胜也去游览了,我们觉得还是更适合生活在自己的国家。所以,我们打算再过些天就回国去。"

如果之前他们有多个选项,蒋文萱开口告诉董瑜时,就是他们的决定了。

董瑜没有反对,她清楚地知道他们是对的。他们一家便是这样,做决定之前会慎重考虑,一旦决定了,其他成员就是被通知一声,并不轻易劝说。

见她不语,蒋文萱又说道:"你现在的生意不需要你天天在那里,你有没有想过,分出些时间到国内去帮李总?"

见董瑜思忖着不语,董仲康开口道:"你一个人在这里奋斗有多孤独,我们都知道。去李总那里,和他一起做事吧。"

董仲康的话戳中了要点,董瑜点头道:"我会安排的。"

手机铃声嘀嘀地叫响。

"我刚到达悉尼机场。"是李杨。

"在原地等我。"董瑜简洁地回了一句,奔出办公室。

心动了,激情便如潮水,李杨如此,董瑜又如何能淡定?

李杨打开手中的锦盒,一枚戒指在红色锦缎的衬托下显得玲珑精致。

恰在此时,门铃响了起来。她过去开了门。

"安东尼!"她惊诧地轻呼,那个名字她曾无数次在心里默念过。

站在门廊里、蓄起满脸络腮胡子的正是归来的安东尼·罗西尼。

图书在版编目（CIP）数据

如果重逢，请与我相恋 / 海洛著. -- 上海：文汇出版社，2019.8
　　ISBN 978-7-5496-2945-9

Ⅰ.①如… Ⅱ.①海… Ⅲ.①长篇小说-中国-当代 Ⅳ.① I247.5

中国版本图书馆CIP数据核字（2019）第156650号

如果重逢，请与我相恋

作　　者 / 海　洛
责任编辑 / 乐渭琦
装帧设计 / 薛　冰

出 版 人 / 周伯军

出版发行 / 文汇出版社
　　　　　 上海市威海路755号
　　　　　 （邮政编码200041）
经　　销 / 全国新华书店
照　　排 / 上海歆乐文化传播有限公司
印刷装订 / 上海颛辉印刷厂
版　　次 / 2019年8月第1版
印　　次 / 2019年8月第1次印刷
开　　本 / 890×1240　1/32
字　　数 / 170千字
印　　张 / 7.375

ISBN 978-7-5496-2945-9
定　　价 / 35.00元